지금, 우리 그리고 그림책

현대인이 겪는
여러 문제와
변화를 담은
그림책 이야기

글
그림책을 읽는 어른

숨쉬는
책공장

지금, 우리 그리고 그림책
현대인이 겪는 여러 문제와 변화를 담은 그림책 이야기

ⓒ 곽영미, 김주아, 김효정, 박락원, 신미성, 정수미, 2023

발행일 초판 1쇄 2023년 1월 27일
지은이 곽영미, 김주아, 김효정, 박락원, 신미성, 정수미
편집 김유민
디자인 이진미
펴낸이 김경미
펴낸곳 숨쉬는책공장
등록번호 제2018-000085호
주소 서울시 은평구 갈현로25길 5-10 A동 201호(03324)
전화 070-8833-3170 **팩스** 02-3144-3109
전자우편 sumbook2014@gmail.com
홈페이지 https://soombook.modoo.at
페이스북 /soombook2014 **트위터** @soombook

값 15,000원 | ISBN 979-11-86452-88-2
잘못된 책은 구입한 서점에서 바꿔 드립니다.
저작권법에 의해 보호를 받는 저작물이므로 무단 전재와 복제를 금합니다.

이 도서는 한국출판문화산업진흥원의
'2022년 중소출판사 출판콘텐츠 창작 지원 사업'의 일환으로
국민체육진흥기금을 지원받아 제작되었습니다.

지금, 우리 그리고 그림책

현대인이 겪는
여러 문제와
변화를 담은
그림책 이야기

글
그림책을 읽는 어른

차례 들어가는 말 008

1장 그림책 속 나, 너, 우리 011

가족

엄마가 되는 길 ✶ 박락원　012
《엄마와 복숭아》 유혜율 글, 이고은 그림, 후즈갓마이테일, 2020.

그렇게 가족이 되었다 ✶ 박락원　016
《나는 개다》 백희나 지음, 책읽는곰, 2019.

딩크부부에게 찾아온 또 다른 행복 ✶ 신미성　020
《나무 인형의 집》 이미애 글, 이영옥 그림, 웅진씽크빅, 2002.

'지금'을 살기 위한 내 안의 전쟁 ✶ 김주아　024
《인생은 지금》 다비드 칼리 글, 세실리아 페리 그림, 정원정·박서영 옮김, 오후의소묘, 2021.

위대한 나와 너, 함께 위대할 순 없을까? ✶ 김주아　028
《위대한 가족》 윤진현 글·그림, 천개의바람, 2016.

응원의 메시지 ✶ 정수미　032
《막두》 정희선 지음, 이야기꽃, 2019.

다문화

여기 앉으실래요? ✶ 김효정　036
《저리 가, 알프레드!》 카트린 피네흐 글·그림, 이순영 옮김, 북극곰, 2020.

친절을 가장한 무례 ✶ 박락원　040
《천장 위의 아이》 비베카 훼그렌 지음, 강수돌 옮김, 봄볕, 2020.

찬다 삼촌의 손가락은 맛을 알아요! ✶ 곽영미　045
《찬다 삼촌》 윤재인 글, 오승민 그림, 느림보, 2012.

손가락이 다섯 개인 이유 ✶ 정수미　049
《다섯 손가락》 셀마 운글라우베 글, 브루나 바로스 그림, 강인경 옮김, 미디어창비, 2016.

남들과 다른 내가 세상 속에서 일어서는 법 ✶ 김주아　053
《귀 없는 그래요》 스테판 세르방 글, 시모네 레아 그림, 김현아 옮김, 한울림스페셜, 2018.

(성역할) **남자답게? 여자답게? 나답게!** * 곽영미　058
《인어를 믿나요?》 제시카 러브 지음, 김지은 옮김, 웅진주니어, 2019.

울고 싶을 땐 언제든지 울어도 괜찮아요! * 신미성　063
《남자가 울고 싶을 땐》 존티 홀리 글·그림, 김보람 옮김, 불의여우, 2019.

2장 그림책 속 디지털 세상　069

(관계) **SNS 친구, 그리고 진짜 친구** * 신미성　070
《4998 친구》 다비드 칼리 글, 고치미 그림, 나선희 옮김, 책빛, 2019.

친구가 너무 미운 날 * 정수미　075
《미움》 조원희 그림책, 만만한책방, 2020.

숨바꼭질에 술래가 사라진다면 * 김효정　079
《내 탓이 아니야》 레이프 크리스티안손 글, 딕 스텐베리 그림, 김상열 옮김, 고래이야기, 2007.

(대중매체) (디지털 세상) (과학기술)

오늘부터 어둠을 금지한다 * 박락원　084
《어둠을 금지한 임금님》 에밀리 하워스부스 글·그림, 장미란 옮김, 책읽는곰, 2020.

길을 잃을 자유 * 김효정　088
《브레멘 음악대 따라하기》 요르크 슈타이너 글, 요크르 뮐러 그림, 김라합 옮김, 비룡소, 2007.

어떤 인생샷을 남기고 싶으세요? * 김주아　092
《셀카가 뭐길래!》 임윤미 그림책, 모래알(키다리), 2017.

게임 어디까지 해 봤니? * 정수미　097
《디지톨》 패트릭 맥도넬 글·그림, 노은정 옮김, 스콜라, 2016.

이제 우주쓰레기를 치워야 할 시간! * 곽영미　101
《무엇이 반짝일까?》 곽민수 글·그림, 숨쉬는책공장, 2019.

오퍼튜니티가 만들어 낸 기적 같은 이야기 * 신미성　106
《나는 화성 탐사 로봇 오퍼튜니티입니다》 이현 글, 최경식 그림, 만만한책방, 2019.

3장 그림책 속 변화된 사회　111

자본주의

유전유언(有錢有言)! 무전무언(無錢無言)!　*　박락원　112
《낱말 공장 나라》 아녜스 드 레스트라드 글, 발레리아 도캄포 그림, 신윤경 옮김, 세용출판, 2009.

더 아름답고, 더 빠른 차가 갖고 싶어요!　*　신미성　116
《최고의 차》 다비드 칼리 글, 세바스티앙 무랭 그림, 바람숲아이 옮김, 봄개울, 2019.

또! 더! 새로운 거　*　김주아　121
《보세주르 레지던스》 질 바슐레 글·그림, 나선희 옮김, 책빛, 2021.

망설임이 주는 것　*　김효정　126
《시저의 규칙》 유준재 그림책, 그림책공작소, 2020.

대가 없는 친절　*　김효정　130
《성냥팔이 소녀 알뤼메트》 토미 웅거러 글·그림, 이현정 옮김, 초록개구리, 2011.

돈보다 더 중요한 것들　*　신미성　135
《포르투나토 씨》 다니엘레 모바렐리 글, 알리체 코피니 그림, 황연재 옮김, 책빛, 2019.

도시화

변화하는 환경 속에서 내가 얻고자 하는 것　*　김주아　140
《낙원섬에서 생긴 일》 찰스 키핑 글·그림, 서애경 옮김, 사계절, 2008.

편리함 속에서 놓치는 것들　*　김주아　145
《작은 집 이야기》 버지니아 리 버튼 글·그림, 홍연미 옮김, 시공주니어, 1993.

도시는 할머니들이 지내기에 아주 좋은 곳　*　신미성　150
《도시에 사는 우리 할머니》 로렌 카스티요 글·그림, 이상희 옮김, 재능교육, 2015.

골목골목 따뜻함이 묻어나는 독산동　*　정수미　154
《나의 독산동》 유은실 글, 오승민 그림, 문학과지성사, 2019.

직업

당신의 영웅은 누구인가요?　*　김효정　158
《케첩맨》 스즈키 노리타케 글·그림, 송태욱 옮김, 비룡소, 2018.

직업에 귀천이 있을까요?　*　정수미　162
《어둠을 치우는 사람들》 박보람 글, 휘리 그림, 노란상상, 2021.

나를 찾아가는 길 ✱ 곽영미　166
《나는 지하철입니다》 김효은 글·그림, 문학동네, 2016.

광부의 아이는 반드시 광부가 되어야 할까요? ✱ 곽영미　170
《바닷가 탄광 마을》 조앤 슈워츠 글, 시드니 스미스 그림, 김영선 옮김, 국민서관, 2017.

4장 그림책 속 자연환경　175

기후변화 환경 위기 시계가 9시 47분을 가리킵니다 ✱ 박락원　176
《09:47》 이기훈 글·그림, 글로연, 2021.

아름다운 섬에서 나와야만 했던 이유 ✱ 신미성　180
《마지막 섬》 이지현 그림책, 창비, 2021.

녹아내리는 지구를 위한 작은 실천 ✱ 김주아　184
《안녕, 풀》 센우 글·그림, 비룡소, 2014.

인간이 만든 무인도, 플라스틱 섬 ✱ 박락원　189
《플라스틱 섬》 이명애 지음, 상출판사, 2020.

동물복지 건너지 못하는 길 ✱ 김효정　193
《터널》 헤게 시리 지음, 마리 칸스타 욘센 그림, 이유진 옮김, 책빛, 2018.

세상을 위한 한 끼 ✱ 김효정　197
《레스토랑 Sal》 소윤경 글·그림, 문학동네, 2013.

바이러스
미세먼지
소음공해
코로나19 이후 달라진 풍경들 ✱ 정수미　201
《친구를 만지지 않아요》 육월식 지음, 비룡소, 2021.

미세먼지 농도 "나쁨" ✱ 박락원　205
《죽음의 먼지가 내려와요》 김수희 글, 이경국 그림, 미래아이, 2015.

어젯밤 뛰어서 죄송합니다! ✱ 곽영미　209
《쿵쾅! 쿵쾅!》 이묘신 글, 정진희 그림, 아이앤북, 2020.

들어가는 말

'안녕하세요?'

 요즘 따라 '안녕'이란 말이 이렇게 와닿았던 적이 없다. 하루를 무사히 보낸 후 집에 들어가고, 이튿날 아무렇지 않게 또 하루를 시작하는 것이 얼마나 감사한 일인지 모르겠다. 모든 것이 편리하고 빠르게 변하는 현대사회라지만, 그만큼 누군가의 평안한 하루뿐만 아니라 생명을 위협하는 일들도 늘 비일비재하게 일상에 끼어든다. 이 책을 집어 들어 읽고 있는 당신의 하루가 정말 안녕했으면 좋겠다.

 우리의 일상에 끼어드는 불청객들은 이미 삶에 깊숙이 스며들어 와 하나씩 기억하기는 어렵다. 필자들은 그림책으로 그 문제들을 하나하나 짚으며 살펴보았다. 그림책은 세상을 바라보는 창문과 같다. 예전에는 아이가 바라볼 수 있는 낮은 위치에 창문이 있었다면 이제는 위와 아래, 왼쪽과 오른쪽으로 점차 넓어져 남녀노소 누구나 세상을 바라볼 수 있는 통창이 되었다. 통창 같은 그림책들은 현대사회에서 살고 있는 우리의 이야기들을 그려내고 있다. 사람 사이에서 생기는 갈등부터 디지털 사회, 자본주의, 기후변화의 문제까지 주변에 숱하게 부딪히고 있는 여러 걱정과 고민이 담겨 있다. 이런 그림책의 이야기들을 필자 6명의 경험과 생각을 녹여 풀어냈다.

    필자들은 그림책을 사랑하기에 그림책을 공부했고, 그림책에 위로받는 사람들이다. 6명이 모여 그림책을 통해 자기 삶을 들여다보며 글을 썼다. 처음 글을 써 내려갈 때만 해도 아주 개인적인 이야기라 걱정이 됐다. '나만 이렇게 생각하고 있는 것이 아닐까? 공감될까?'라며 말이다. 그림책으로 자기 삶을 찬찬히 살펴보고 서로 이야기를 나누다 보니 깨달았다. 쓸데없는 걱정이었음을……. 그렇게 각자 쓴 글들은 '나의 글'에서 '우리의 이야기'가 되었다.

    사실, 이 글을 쓴 사람들은 유명한 연예인도 아니고 영향력 있는 인플루언서도 아니다. 옆에 지나쳐 가는 수많은 사람 중에 하나, 지극히 평범한 사람들이다. 단지, 우리의 공통점이자 특별한 점이 있다면 그림책을 읽는 어른들이라는 점이다. 그림책을 읽는 어른들. 뭔가 말이 어색할 수도 있겠다. 많은 사람이 '그림책은 아이나 읽는 책이야'라고 흔히 생각하니까. 하지만 그림책을 사랑하는 사람으로서 말할 수 있다. 그림책 표지만 보더라도 그런 생각은 금세 사라질 것이라고.

    이 책은 그림책을 읽는 어른들이 전하는 이야기다. 현대사회에서 지치고 힘들어 문득 책장을 넘긴 당신에게 우리가 받았던 그림책의 위로와 힘이 전달되기를 바란다. 지금 문제들이 나만 겪는 것이 아니라 우리가 함께 겪고 있는 일들이니 절대 외로워하지 말았으면 좋겠다.

2023년 진눈깨비가 내리는 겨울
그림책을 읽는 어른을 대표해 박락원

1장
그림책 속

나, 너, 우리

엄마가 되는 길

박락원

《엄마와 복숭아》 유혜율 글, 이고은 그림, 훗즈갓마이테일, 2020.

임신 5주 차 무렵, 우연히 직장 선배가 내 임신 사실을 알게 되었다. 매일 커피를 달고 살던 내가 커피를 마시지 않고 다른 음료를 먹었더니 선배는 낌새를 바로 알아차렸다. 그래서 사실대로 말했더니 세 살 어린 선배는 짧은 축하를 해 주고는 나에게 물었다. "그럼, 일은 언제 그만둘 거예요?" 뉴스에서만 보던 일이 내게도 일어났다. 그 선배는 회사에 나의 임신 사실을 알렸고, 그때부터 회사는 나에게 업무를 과다하게 주기 시작했다. 얼마 전 출산을 하고 온 다른 선배는 '일을 열심히 해서 기저귓값은 벌어야 하지 않겠냐?'며 은근히 압박을 주기도 했다. 결국 나는 스스로 회사를 그만두었다. 이 일은 마음의 상처가 되어 몸에도 영향을 끼쳤고 두 달 동안 하혈을 계속하게 되었다. 유산 방지 주사를 맞으며 아기와 나는 매번 고비를 넘겨야만 했다.

대중교통을 타기도 쉽지 않았는데 임신하고 나서야 지하철역에 계단이 정말 많다는 것을 깨달았다. 만삭 때는 내 발이 보이지도 않았기에 넘어질까 두려워 한 계단씩 천천히 조심히 걸어 다녔다. 특히 임산부 배려석에 앉기가 생각보다 쉽지 않았다. 건강한 청년들이 종종 아무렇지 않게 임산부 자리에 앉아 있기도 했다. 어떤 이는 9개월 만삭이 된 나를 봤으면서도 핸드폰으로 시선을 바로 옮겼다. 그러면 옆자리에서 보다 못해 자리를 비켜 주는 분들이 계셨는데 우리 엄마뻘 정도 되신 중년 여성들이거나 어린 학생들이었다.

《엄마와 복숭아》에서도 아기를 품은 한 엄마를 볼 수 있다. 엄마는 향기로운 복숭아를 바구니에 한가득 담고 오래된 숲을 향해 걷기 시작한다. 옛 농경사회 때부터 복숭아는 생명의 탄생과 새로운 출발을 의미한다. 또, 숲은 어머니의 자궁을 뜻하며 숲이 만들어 내는 자연의 소리는 생명성과 직접적으로 연결된다. 작가는 이렇게 한 여성이 엄마가 되는 과정에서 겪는 일을 복숭아와 숲을 사용해 상징적으로 그려 낸다.

이 책에서는 출산을 앞둔 임산부의 두려움과 불안감도 잘 표현된다. 엄마는 길을 걷다 여러 동물을 만나면서 생명의 위협을 받는다. 엄마는 다리가 덜덜 떨릴 만큼 두려웠지만, 아기를 위한 것이 무엇인지 동물들에게 이야기하며 복숭아를 함께 나눠 먹는다. 엄마가 만난 동물은 사자, 곰, 거미인데 일반적으로 모성애가 짙다고 알려진 동물들이다. 그들이 엄마에게 설득된 이유는 그들 역시 모두 새끼를 품고 있는 엄마였기 때문이다. 엄마는 동물들과 마음을 모아 함께 숲으로 발걸음을 옮긴다. 때로 힘들고 두려웠지만 모두 숲에 무사히 도착한다. 그런데 유독 가장 눈에 들어왔던 것은 거미의 행동이었다.

"사자는 의젓하고,
곰은 미소 짓고
거미는 말이 없고,
엄마는 두근두근 설레었어."

왜 거미만 말이 없었을까? 그림에서 엄마와 다른 동물은 표정을 알 수 없는 뒷모습인데 유독 거미 홀로 먹먹한 표정이 드러난다. 마지막 장면을 살펴보면 엄마 배 속에 있던 아이는 아빠를 만나고, 곰과 사자도 수컷을 만나 새끼와 행복한 시간을 보낸다. 의아한 것은 거미만 엄마 없이 새끼 거미들만 있다는 점이다. 거미의 특성을 살펴보면 그 이유에 대해 짐작할 수 있다.

동화 《샬롯의 거미줄》에서도 거미의 특성이 잘 드러나는데 돼지 윌버와 우정을 나눈 거미 샬롯은 마지막까지 윌버를 돕다 알을 낳고 자신은 죽음을 맞이한다. 이렇게 어미 거미는 알주머니를 만든 후 죽거나 알이 부화할 때까지 보호하다가 죽는 경우가 많다. 심지어 알이 깨어나기를 기다렸다가 스스로 갓 부화한 새끼들의 먹이가 되는 어미 거미도 있다. 결국, 거미가 말이 없었던 이유는 자신의 귀여운 아가들을 만나는 일이 곧 자신의 죽음, 아가들과의 이별과 맞닿아 있기 때문이었다.

현대사회에서 많은 엄마도 죽음까지는 아니더라도 여러 희생을 감수해야 한다. 열심히 공부해 다니게 된 회사를 퇴사해야 할 수도 있다. 육아휴직을 쓰더라도 눈치를 보는 것은 흔한 일이다. 또한 어렵게 얻은 육아휴직 이후 다시 복직하려고 해도, 엄마 손이 아직 많이 필요한 아이를 떼어 두고 가지 못해 끝내 퇴사를 결정한 경우도 많다.

몸은 어떠한가? 임신하는 동안 약, 자극적인 음식, 커피 등 먹지 못하는 것들이 수두룩하다. 모유 수유까지 하면 2년 넘게 이런 음식은 먹지 못한다. 손목이 시리고 가끔씩 골반이 빠지는 것은 흔한 일이다. 배에 생긴 검붉은 튼살은 시간이 지나도 없어지지 않는다. 그럴더라도 엄마가 되려는 이유는 힘든 순간을 지나고 만난 아기가 세상과 바꿀 수 없는 행복을 주기 때문일 것이다.

저출산문제를 해결하고자 정부는 부모급여 신설, 육아휴직 급여 대상 확대 등 여러 방안을 계획하고 있다. 아이를 낳으면 경제적인 지원을 많이 해 주겠다고 열심히 광고한다. 그런데 아기를 가지고 낳으며 키우는 과정에서 가장 갈급한 부분은 경제적인 여건뿐만 아니라 아기를 잘 키울 수 있는 환경이다. 언제든지 아기를 가지고 싶을 때 가질 수 있고 육아휴직을 쓸 수 있는 환경, 아기를 키우면서도 일을 자유롭게 할 수 있는 환경 등 엄마가 아기를 키우면서 일을 해도 죄책감을 느끼지 않아도 되는 환경 말이다.

엄마가 되기 위해 숲으로 가는 길은 생각보다 훨씬 험난하고 힘들다. 엄마가 된다는 것만으로도 불안감과 두려움이 생긴다. 또 숲에 들어간 후에 아이를 만나고 나서 생기는 어려움들도 만만치 않다. 정말 실질적으로 엄마와 아이가 행복할 수 있는 제도들이 잘 세워졌으면 좋겠다. 그런 제도들로 인해 사람들의 배려할 수 있는 여유로움도 함께 만들어지길 바란다.

가족

그렇게 가족이 되었다

박락원

《나는 개다》 백희나 지음, 책읽는곰 2019.

어린이집에 6주간 실습을 하러 갔을 때 만 2세 반으로 배정되었다. 그곳에서 알프스 소녀 하이디를 떠오르게 만드는 한 여자아이를 만났다. 맑은 눈과 예쁜 미소를 지닌 아이였는데 나에게 유독 '엄마'와 관련된 그림책을 가지고 와서 읽어 달라고 했다. 소꿉놀이나 다른 놀이를 할 때도 친구에게 '엄마' 역할을 시키면서 "엄마"라고 부르길 좋아했다. 하루하루 아이를 관찰하면서 '이 아이가 왜 이렇게 엄마라는 말에 애착이 심한 걸까?'라는 궁금증이 생겼다. 나중에 알고 보니 아이는 부모님이 이혼하게 되면서 할머니, 아빠와 함께 지내게 되었다고 했다. 또 항상 잘 입는 원피스가 있었는데 그 옷도 주말에 만나는 엄마가 사 준 것이라고 할머니에게 들었다. 아이가 직접적으로 말하지 않아도 그 아이에게 엄마가 어떤 존재였는지 그리고 지금 어떤 의미인지 행동만 보더라도 알 수 있었다.

《나는 개다》에서도 엄마와 떨어져 살게 된 강아지 구슬이를 만날 수 있다. 구슬이는 엄마 젖을 떼고 밥을 처음 먹기 시작할 때 동동이 가족에게 보내진다. 구슬이는 밤마다 외로워 베란다에서 밖을 쳐다보며 어디선가 들려오는 '아울!' 강아지들의 울음소리에 열심히 답해 준다. 그 이유에 대해서 구슬이는 이렇게 말한다.

"기억나지 않는다 해도 우리는 가족이니까."

구슬이의 행동과 말을 살펴보면 흔적이 희미해진 가족이지만 아직 자기 혈족을 그리워하고 있음을 알 수 있다. 하지만 구슬이는 서서히 동동이네를 가족으로 받아들인다. 특히 여기서 돋보이는 것은 구슬이와 동동이의 관계다. 《나는 개다》에서는 화자인 구슬이의 입장에서 이야기가 진행된다. 엄마와 떨어진 구슬이는 엄마가 없는 동동이를 보면서 동질감을 느꼈는지 지켜 줘야 한다는 책임감을 느낀다. 동동이를 끝까지 보살펴 줘야겠다는 구슬이의 말처럼 구슬이가 적극적으로 동동이와 놀아 주는 모습이 그려진다.

서서히 동동이네 가족 구성원이 되어 가던 구슬이에게 위기가 닥치는데 구슬이가 동동이 침대에 대변을 본 것이다. 결국, 구슬이는 원래 있었던 베란다로 쫓겨나 아주 작은 소리로 혼자 조용히 운다. 하지만 동동이는 구슬이를 홀로 베란다에 남겨 두지 않는다. 깜깜한 밤, 베란다에서 풀이 죽어 있는 구슬이에게 동동이가 이불을 들고 온 것이다. 자신의 침대가 아닌 차가운 베란다지만 동동이는 구슬이를 뒤에서 꼭 껴안고 이렇게 이야기는 동동이가 구슬이를 자신의 가족으로 받아들이는 모습으로 마무리된다.

《나는 개다》는 《알사탕》보다 8년 전의 이야기를 담은 프리퀄

^{Prequel} 작품이다. 《알사탕》을 보면 8년의 세월이 흘러도 구슬이는 동동이에게 가족이자 유일한 친구로 지낸다. 하지만《알사탕》은 동동이가 주인공이기에 동동이의 마음과 생각을 중심으로 이야기가 전개된다. 동동이 입장에서는 구슬이와 실제적인 대화를 나누지 못하기 때문에 구슬이의 마음을 제대로 알지 못한다. 하지만 동동이가 구슬이의 말을 들을 수 있는 사탕을 먹게 되면서 구슬이 또한 자신을 아끼고 있음을 알게 된다. 동동이는 무릎을 꿇고 구슬이와 눈을 맞추며 손을 잡는 것으로 서로의 마음을 나눈다.

《나는 개다》는 개 구슬이가 화자가 되어 구슬이의 마음을 전적으로 살펴볼 수 있게 한다. 하지만 두 작품 모두 구슬이를 동동이네가 키우게 된 이유에 대해서는 어디서도 언급하지 않는다. 다만 구슬이가 이 집에 오면서 동동이에게 어떻게 가족이 되었는지를 백희나 작가는 특유의 유머와 함께 재미있게 전한다. 작가는 한 다큐멘터리에서 '사회는 부모, 자녀 남매로 이루어진 가족의 모습을 이상적인 가족의 형태인 것처럼 정형화하는 것 같다. 그림책을 보는 아이들이 어떤 형태의 가족이든 다 완벽하다고 안심할 수 있도록 보여 주고 싶었다.'라고 언급했다. 이를 반영하듯 백희나의 다른 작품《이상한 엄마》,《삐약이 엄마》에서도 모두 한부모가족의 구성을 그리고 있으며《나는 개다》와 마찬가지로 등장하는 아이가 안정감을 가지면서 끝을 맺는다.

특히,《나는 개다》에서는 현대사회에서 볼 수 있는 다양한 가족의 형태가 드러난다. 아빠가 홀로 동동이를 키우는 한부모가족, 구슬이를 입양한 반려동물 가족, 할머니·아버지·동동이로 3대가 같이 사는 대가족을 그림책 안에서 모두 볼 수 있다. 통계청에서 조사한 2020년 인구총조사를 기준으로 한부모가구는 150만

가구를 넘었고, 농림축산식품부에서 조사한 반려동물 양육가구는 604만 가구나 된다고 한다. 여기서 인상적인 점은 반려동물을 양육하는 것은 동물을 좋아한다(32.7%)는 이유를 제외하고는 가족을 원해서(18.7%)가 가장 비율이 높다는 것이다. 이는 현대사회에 사는 우리에게 안정감을 주는 가족의 존재가 여전히 필요함을 의미하는 것 같다.

현대사회는 인간을 쉽게 외로움에 이르게 만든다. 더군다나 코로나로 인해 외부 활동이 제한되고 사회적 고립이 심해지면서 외로움을 느낀다는 사람은 더 많아졌다. 사람들이 심리적 안정을 찾기 위해 반려동물 입양을 선택하면서 국민 4명 중 1명은 반려동물을 키우는 '펫 전성시대'가 도래했다. 그러나 위드 코로나로 서서히 일상을 되찾으면서 사람들이 반려동물을 버리는 현상이 나타나고 있다.

가족이란 것은 자신의 필요에 의해서 만들고 필요가 없으면 버리는 존재가 아니다. 《나는 개다》의 동동이와 구슬이는 필요에 의해서 서로를 아끼는 것이 아니다. 억지로 잘해 주려 행동하지도 않는다. 외롭고 힘든 순간에 단지 조용히 옆자리에서 함께 있어 주며 따뜻하게 안아 준다. 엄마와 떨어져 가족을 그리워하는 구슬이가 엄마가 없는 동동이를 만나면서 둘은 서로 비어 있던 마음을 채워 주는 진정한 가족이 되어 간다.

실습했을 때 만난 알프스 하이디 소녀 같은 아이에게 《나는 개다》를 보여 주었으면 어땠을까 하는 아쉬움이 남는다. 그때는 아이에 대한 동정심에 홀로 휩싸여 아이의 마음을 어떻게 대해야 하는지는 제대로 생각하지 못했던 것 같다. 다시 그 아이를 만난다면 아이의 보이지 않는 마음을 그림책으로 조용히 다독여 주고 싶다.

딩크부부에게 찾아온 또 다른 행복

신미성

《나무 인형의 집》
이미애 글, 이영옥 그림, 웅진씽크빅, 2002.

얼마 전 크리스마스이브 날 밤 11시, 친정엄마에게서 전화가 걸려 왔다. "이렇게 쓸쓸한 크리스마스이브는 처음이야.", 수화기 너머로 엄마의 이 말을 듣는 순간 심장이 쿵 내려앉았다. 그동안 엄마와 나의 관계를 친구같이, 자매같이 지내는 아주 특별한 모녀 사이라고 자부해 왔다. 그러나 새롭게 꾸려진 내 가족과 함께 있느라 그런 엄마의 마음을 몰라 주었다는 사실에 아차 싶었고, 마음 한편이 아려 왔다. 두 자녀를 모두 결혼으로 출가시킨 부모님의 마음을 이제 막 아기를 낳은 나는 아직 잘 모를 것이다. 더군다나 12월 25일 크리스마스 날은 우리 부모님의 결혼기념일이다. 그래서 항상 이브 날 또는 크리스마스 날이면 선물과 웃음이 가득한 우리 가족만의 파티를 열었다. 그런 행복한 시간들이 차곡차곡 쌓여 왔던 만큼, 부모님의 크리스마스는 우리 남매의 출가로 인해 더욱 쓸쓸하게 느껴지셨을 것이다. 어느덧 손주들이 태어나 할아버지, 할머니가 되며 중년 부부를 넘어서고 있는 우리 부모님은 요즘 각자 보내는 시간이 더 많아지셨다. 그날 밤 전화를 하셨을 때도 아빠는 방에서, 엄마는 거실에서 시간을 보내시던 중 결국 너무나도 쓸쓸하고 허전한 마음에 엄마는 나에게 전화를 거셨다고 한다.

《나무 인형의 집》에도 성장한 자녀를 출가시키며 쓸쓸해하는 부부의 뒷모습이 등장한다. 이 부부는 우리 부모님을 떠올리게도 하고, 나 또한 언젠가 겪을 일이라는 가슴 먹먹한 생각이 들게 한다. 주인공 부부는 매우 정돈된 집 안에서 각자 개인적인 시간을 자유롭게 보낸다. 그러던 어느 날 문 앞에 놓인 커다란 알 하나를 발견하고, 부부는 그 알을 집 안으로 들여 정성스레 돌보기 시작한다. 자신들의 개인 시간을 보낼 새도 없이 말이다. 그렇게 헌신과 사랑으로 알에서 깨어난 아기 새를 성장시켰고, 혼자 살아갈 수 있을 만큼 자라난 아기 새는 결국 창밖으로 멀리멀리 날아간다. 부부의 집은 예전처럼 조용하고 깨끗해졌지만 아기 새에 대한 부부의 그리움이 눈물과 한숨을 통해 나타난다. 그 후 부부는 누군가를 기다리듯 늘 집의 대문을 열어 놓으며 이야기는 끝이 난다.

본문 첫 장면을 보면 이 부부는 요즘의 딩크족이라고 할 수 있다. 딩크족은 Double Income No Kids의 약자다. 즉, 정상적인 부부생활을 영위하면서도 의도적으로 자녀를 두지 않는 맞벌이 부부를 말한다. 《나무 인형의 집》에서 특히 상대방의 자유를 존중해 주며 개인 시간을 중시했던 그들을 변하게 한 것은 바로 아기 새였다. 이 부부에게 아기 새는 자녀를 상징하는 존재로도 볼 수 있고, 한편으론 입양된 아이로도 생각해 볼 수 있다.

결혼과 자녀를 중요하게 여겨 온 우리의 부모 세대와는 달리, 최근에는 딩크족 또는 자녀 없이 애완동물과 함께 사는 맞벌이 부부를 뜻하는 딩펫족과 같이 새롭고 달라진 가치관을 지닌 젊은 이들이 많아지고 있다. 한국에서 딩크족이 증가하게 된 가장 큰 계기는 IMF 이후 경제 상황의 변화다. 2020년대 들어서도 이러한 사회적, 환경적인 요인들로 인한 경제적 여건 때문에 딩크족을 택하는 사람들이 더욱더 많아졌다. 부부 그리고 개인으로서의 삶의 행복과 가치를 자녀가 아닌 다른 것에서 찾는 정신적인 요인에 의한 딩크족 선택도 생겨나고 있다.

최근 한 가지 놀라웠던 일은 내가 육아 정보를 얻기 위해 자주 들여다보는 국내 최대 규모의 온라인 육아 카페에 딩크족에 대한 고민을 담은 글이 자주 올라온다는 점이다. 다수의 기혼 여성들이 자녀를 낳아야 할지, 딩크족으로 살아야 할지에 대해 진지하게 고민하고 있었다. 그리고 자녀가 있는 여성들마저 아이를 낳은 후 자신의 인생이 없어졌다며 딩크족이 부럽다는 내용의 글들을 올렸다. 사랑하는 사람을 만나 결혼을 하고, 그 사람과 나를 닮은 사랑스러운 아이와 함께 도란도란 사는 것이 가장 인간답고 행복한 삶이라 생각하는 나에게는 충격적인 내용이었다.

이러한 변화들과 함께 2020년부터는 딩크족에 대한 에세이들도 눈에 띄게 더 출간되고 있다. 《딩크족 다이어리》, 《엄마는 되지 않기로 했습니다》, 《아이 없는 어른도 꽤 괜찮습니다》 등 제목에서부터 눈길을 사로잡는 이 에세이 책들의 저자는 모두 여성이다. 또한 공통적으로 저자들은 자녀를 낳고, 낳지 않고의 문제 이전에 결혼과 출산을 당연시하는 사회의 시선과 무언의 강요 분위기에 대해 이야기하고자 했다. 기혼자이자 자녀가 있는 나 또한 이 책들의 저자들이 이야기하는 내용에 충분히 공감한다. 결혼과 출산에 대한 선택은 개인이 하는 것이 맞으며, 그것에 대해 왈가왈부하는 사회는 불편한 것이 사실이다. 이처럼 딩크족으로 살아가는 사람들의 목소리가 점점 커지고 있는데, 어쩐지 그들의 선택이 쓸쓸하게 느껴지는 것은 왜일까?

    나아가 젊은 세대에 속하는 우리가 나이가 들어 노년이 되었을 때, 혹시라도 부부 중 한 사람이 세상을 떠나 혼자 남겨졌다고 생각해 보았다. 《나무 인형의 집》에서 아기 새가 떠난 후 부부를 찾아와 준 아기 곰의 존재처럼 곁에 찾아와 줄 누군가가 있다면 얼마나 큰 위안이 될까? 그리고 그 누군가가 이 세상의 진정한 내 편인 나의 자녀라면 더할 나위 없이 행복할 것이다. 나는 《나무 인형의 집》의 부부를 변화시킨 아기 새라는 존재의 힘처럼 부부의 삶에서 자녀는 엄청난 가치를 지닌 존재라고 생각한다. 아이를 키우며 느끼는 행복은 그 무엇과도 비교할 수 없을 것이다. 그렇기에 더 많은 사람이 그 행복감을 함께 영위하며 살아갔으면 하는 마음이다.

가족

'지금'을 살기 위한 내 안의 전쟁

김주아

《인생은 지금》 다비드 칼리 글, 세실리아 페리 그림, 정원정·박서영 옮김, 오후의소묘, 2021.

100세 시대가 열렸다. '인생은 60부터'라는 말도 생겼다. 한 직장에서 오랜 시간 일하고 은퇴해 잠시 휴식하다가 삶을 마무리하는 것이 인생 교과서 같았던 시대는 지났다. 2020년 기준 한국인의 기대수명은 83.5세다. 보통 60대에 은퇴를 하기 때문에 은퇴 이후 새로운 삶을 시작할 수 있는 시간이 20년 안팎으로 남은 것이다. 그래서 은퇴 이후의 삶을 준비하는 것은 현대사회를 살아가는 중장년층에게는 중요한 문제다.

　박막례 할머니나 밀라논나처럼 유튜버로서 인생 2막을 사는 분들도 있다. 특히 박막례 할머니는 치매를 조심해야 한다는 의사의 말을 듣게 된 것이 터닝포인트가 되었다고 한다. 한평생 장사, 가사도우미, 식당 일을 하며 고생한 인생의 말로가 '치매'였던 것이다. 이 소식을 들은 손녀가 치매 예방을 위해 할머니를 즐겁게 해 드리려고 회사도 그만두고 함께 호주 여행을 갔다. 이때 영상을 찍어 올린 것이 계기가 되어 박막례 할머니는 유튜버로 이름을 날리게 되었다. 하고 싶은 것을 다 했더니 구글에서도 자신을 불러 주더라는 박막례 할머니는 '지금'의 인생을 신나게 살아내는 중이다.

《인생은 지금》은 은퇴한 노부부가 새로운 삶을 시작하는 과정을 보여 준다. 첫 장면은 마치 신부의 베일 속으로 신랑이 들어가 있는 것처럼 보인다. 결혼은 둘이 하나가 되어 새로운 시작을 여는 일이듯, 이 그림책은 은퇴 후의 삶을 시작하는 데 또 한 번의 '하나 되는 시간'이 필요함을 암시하는 듯하다. 박막례 할머니에게 손녀가 있었듯이 그림책 속 현실의 무게에 짓눌려 있는 할머니 옆에는 할아버지가 있다. 은퇴한 할아버지는 할머니와 하고 싶은 것이 많다. 여행도 가고 싶고, 새로운 언어도 배우고 싶고, 밤낚시도 하고 싶다. 하지만 할머니는 할아버지와 달리 '은퇴'를 하지 못했다. 회사는 은퇴가 있지만 집안일에는 은퇴가 없기 때문이다. 오늘 당장 처리해야 할 현실의 일들 앞에서 할아버지의 소망과 사랑은 귀찮은 일이 되어 버린다. 이제는 건강도 예전 같지 않기에 할머니는 추억은 추억일 뿐 더 이상 지금의 삶이 아니라고 생각한다.

"인생은 쌓인 설거지가 아니야. 지금도 흘러가고 있잖아. 가자!"

지금 이 순간을 살자는 할아버지의 말에 부부와 함께 쌓여 있던 주변 물건들이 공중으로 떠오른다. 회오리처럼 부부와 물건들이 빙글빙글 돌다가 물건들은 사라지고 부부는 꽉 끌어안는다.

'지금은 말고, 내일.'이라는 할머니의 말에 '아니, 오늘이야.'라고 답하는 할아버지의 단호한 말은 포옹과 함께 두 사람이 새로운 삶을 시작할 준비가 되었음을 느끼게 해 준다. 계속되는 '밀당' 속에서 할머니는 드디어 할아버지의 말에 움직인다. 그렇게 두 사람은 '지금'을 살며 새로운 삶을 시작한다.

은퇴 이후 노후를 준비해야 한다고 할 때, 가장 중요하게 언급되는 것이 경제력이다. 어떻게 튼튼한 재정을 마련해서 노후를 잘 살 수 있을지를 고민해야 한다는 것이다. 물론 경제력은 중요하지만 한국에서는 '잘 사는' 기준이 돈에 많이 치우친 듯 보인다. 심지어 최근에는 파이어^{FIRE}족이 유행이다. 파이어족은 경제적으로 자립해 30대 후반이나 40대 초반에 은퇴하려는 사람들을 의미하는 말로, '경제적 자립, 조기 퇴직$^{Financial\ Independence,\ Retire\ Early}$'의 첫 글자를 딴 신조어다. 이제 은퇴는 중장년층의 이야기만이 아니다.

언론 기사를 통해 파이어족으로 살다가 실패하고 다시 일을 시작한 47세의 한 남성이 갑자기 얻은 자유의 시간을 무엇으로 채워야 할지 몰라 고통스러웠다는 이야기를 접했다. 경제력과 시간이 있어도 그 자유를 누릴 수 없었던 것이다. 마치 현실을 걱정하며 계속 유지해 왔던 나의 삶의 패턴, 안주하려는 마음, 기대 없는 마음으로 '지금'을 사는 데 주저하던 그림책 속 할머니처럼 말이다. 은퇴하든 은퇴를 하지 않든 '지금'을 사는 것은 '마음'의 문제다.

그런가 하면, 그림책에 등장하는 부부의 모습에 새로운 일을 시작할 때 내 안에서 드는 두 마음을 대입해 볼 수도 있다. 매일같이 내 안에서는 꿈을 꾸며 기대와 소망으로 살아 내려는 자아와 현실에 안주하고 현실에 눌려 있는 자아가 싸운다. 이 시대의 청년으로서 살아 내는 나의 마음도 이러한 전쟁터이지만, 요즘에는 청소년도 내면의 전쟁을 치르고 있음을 엿보게 된다.

　최근 고등학교 졸업을 앞두고 스무 살을 맞이하는 청소년들과 이야기를 하다 보니 '돈'과 '취업'에 벌써 큰 비중을 두고 있었다. 새로운 삶을 시작하는 '스무 살'을 앞둔 시기에 현실의 무게에 눌린 그들의 이야기가 마음을 아프게 했다. 어떤 전공을 선택하고 싶은지, 어떤 삶을 살고 싶은지를 물어보니 "돈 많이 벌고 싶어요. 돈을 어느 정도 안정적으로 벌 수 있는 곳에 취업해서 여행하면서 살고 싶어요."라고 대답을 했다. 여행을 가고 싶어서 돈을 벌고 싶다고 했지만, 동시에 미래를 걱정하는 부모님의 영향도 무시할 수 없었던 것 같다. 부모님의 불안을 덜어 드리기 위해 자신의 미래를 결정한다. '내가 살고 싶은 지금의 순간'은 그렇게 뒤로 밀린다. 또 다른 청소년은 재수를 결정했다. 문화콘텐츠에 관심이 많은 문과 적성임에도 취업이 어려운 현실을 걱정해 재수 때에는 이과로 전향해서 대학에 진학하려고 한다는 것이었다. 영화, 드라마, 유튜브 이야기를 할 때 어조가 활기차고 눈빛이 살아 있던 그 청소년이 단지 취업이 잘된다는 이유로 공대를 가려는 것이 안타까웠다. 자기가 좋아하는 건 나중에 하면 된다고 했다. 두 마음 중에 '할머니'의 마음이 더 크게 자리하고 있는 듯 보였다.

　나의 마음은 할아버지의 말에 귀를 기울이고 있을까, 아니면 할머니의 말에 귀를 기울이고 있을까? 인생은 둘 중 어디에 귀를 기울일지 '선택'하는 것에 따라 달라질 수 있으리라 생각한다. 모두의 마음속에 자리한 '할머니'가 '할아버지'로 인해 변화되기를 기대한다. 그래서 무거운 현실에 눌리지 않고 어떤 시기를 지나고 있든지 '지금'을 신나게 살 수 있기를 바란다.

가족

위대한 나와 너, 함께 위대할 순 없을까?

김주아

《위대한 가족》
윤진현 글 그림, 천개의바람, 2016.

옛날에는 보통 집집마다 TV가 한 대밖에 없다 보니 그 TV를 가족들이 같이 봐야 했고, 그래서 온 가족이 한자리에 모이곤 했다. 컴퓨터가 생기면서는 조금씩 가족 사이의 '따로 생활'이 시작되긴 했지만, TV의 영향력이 여전히 컸다. 하지만 나만의 TV와 같은 스마트폰을 각자 쥐고 사는 최근에는 가족들의 모습이 사뭇 달라졌다. 각자 자신이 원하는 방송 프로그램을 보거나 게임을 하기 때문에 나란히 앉아 있더라도 서로 다른 것을 바라보는 것이 더 자연스러워졌다. 함께 있어도 다른 시간을 보내는 것이다. 스마트폰뿐만 아니라 여가를 즐길 수 있는 많은 서비스, 산업이 발달했다. 우리는 많은 면에서 풍요의 시대를 살고 있다.

　　우리는 다양한 모습을 지닌 존재들이기에 각자 취향이 다르다. 가족이라고 해도 예외는 아니다. 한배 속에서 나온 형제자매도 성격이 다르고 성향이 다르다. '한 가족'이라는 사실이 '우리는 비슷해'를 보장해 주지 않는다.

《위대한 가족》에는 서로 다른 6명의 식구가 등장한다. 힘이 센 아빠는 낚시와 운동을 좋아하는 회사원이다. 슈퍼우먼인 엄마는 요리와 청소 등의 가사 활동이 최대 관심사고 잔소리를 잘한다. 큰형은 절대 진 적이 없는 권투선수로 가족들에게도 지지 않는다. 발레리나인 누나와 화가인 작은형은 집 안이 엉망이 될 정도로 춤을 추고 그림을 그린다. 이렇게 각자의 개성이 강하고 다르다 보니 하루도 조용하고 평화로운 날이 없고, 사생활이 매 순간 침해받는 듯 느껴진다. 그래서 이 가족들은 결단한다.

"저마다 위대해서 함께 있는 게 귀찮았어요. 그래서 각자 높이, 높이, 더 높이, 벽을 쌓았어요."

함께하기보다는 따로 생활하기로 한 것이다. 그런데 성을 높이 쌓고 지내는 가족들 얼굴에는 생기가 없다. 그렇게 마음 편히 코를 골며 자던 아빠는 도무지 잠이 오지 않는다. 가족을 위해 요리하고 청소하던 엄마는 혼자 있으니 위대한 슈퍼우먼의 모습을 잃었고, 바깥에서부터 영감을 받는 것이 중요한 화가인 작은형 역시 혼자서 백지를 앞에 두고 아무것도 그리지 못한다. 열심히 춤을 추던 누나는 뒹굴거리기만 하고, 쉬지 않고 주먹을 날리던 큰형도 허공에 힘없는 편치만 날린다. 막내 역시 심심하고 답답해서 견딜 수가 없다. 서로 외로우면서도 그 누구 하나 성 밖으로 나오지 않는다. 어떠한 계기 없이는 높이 쌓아 버린 성이 무너지기란 쉽지 않다.

나는 무남독녀고 고등학생이었을 때 아버지께서 돌아가셔서 어머니와 단둘이 살고 있다. 2명밖에 없는 가족인데도 우리 가족

역시 각자 스마트폰을 붙들고 이어폰을 귀에 끼우고 지낸다. 그리고 부지런한 어머니는 퇴직하셨음에도 봉사 활동과 등산, 여행 등으로 바쁘시고, 나 역시 학업과 봉사, 일 등으로 분주하다. 각자의 계획과 취향대로, 단둘뿐인 우리 가족도 각자만의 성을 쌓고 산다. 둘뿐인데 공통사가 많지 않아서 같이 무언가를 함께하려면 에너지가 많이 쓰이다 보니 자연스레 각자의 삶을 살기 바쁘다. 얼마나 외로운지 깨닫지 못한 채로, 아니 어쩌면 외롭다는 것을 알고 있으면서도 애써 외면한 채로 말이다.

그림책에서 가족들이 각자 쌓아 둔 성들은 막내의 방귀 소리로 인해 무너진다. 계기가 필요했던 찰나에 막내가 답답해서 뀐 방귀는 가족들을 각자의 성에서 나와 다시 한자리에 모이게 했다.

"그냥 답답해서 방귀 뀐 건데."

그냥 답답해서 뀐 방귀, 자연스러운 욕구에 가장 충실한 그 소리가 서로의 벽을 허물었다. 벽을 허물기 위한 의도가 담긴 말과 행동이 아닌 꾸밈없이 가장 솔직한 나의 모습을 부끄러워하지 않고 드러낼 때 단단한 벽이 무너지는 것 같다.

외삼촌네 별장에 갔을 때의 일이다. 외삼촌, 외숙모, 어머니, 나, 외사촌 오빠 부부와 어린 조카, 이렇게 8명이 둘러앉아 식사를 했다. 전직 교수님이셨던 외삼촌, 전직 선생님이셨던 어머니, 현직 교수인 외사촌 오빠, 현재 박사수료인 내가 모인 그 자리에서 대화들이 오가는 것을 지켜봤다. 말이 분명 오가는데 서로 공부깨나 한 분들인지라 다들 위대해서 각자 할 말만 하는 분위기였다. 분위기가 심각하지는 않았지만 '역시 아무도 지지 않아.'라는 생각이 들 때쯤 외사촌 오빠가 "다 자기 할 말만 해."라고 어처구니없다는 듯한 표정으로 말했다. 그 말을 듣고 모두가 갑자기 깔깔깔 웃었고 나는 신기하게 그 가운데에서 행복을 느꼈다. 마치 막내가 방귀를 뀌어서 자연스럽게 성들이 무너졌듯이 답답해서 무심코 내뱉은 솔직한 그 말이 불통의 식탁을 웃음의 식탁으로 바꾼 것이다. 웃음소리가 가득한 그 식탁에서 나는 참 오랜만에 가족의 따뜻함을 느꼈고, 그때 내가 그동안 그리워했던 것이 이것이었음을 깨달았다. 하루하루 내가 관심 있는 일과 해야 할 일들에 집중하면서 애써 외면했던 나의 공허한 마음이 함께하는 기쁨으로 채워지는 행복을 실감했다. 그리고 각자 자기 할 말만 하더라도 함께라는 것 자체가 행복일 수 있다는 것도 느꼈다.

지금은 각자의 취향이 존중받을 수 있는 시대이기에 자신이 좋아하는 것을 계속 추구해 갈 수 있다. 각자 서로가 좋아하는 것을 하면서 나란히 앉아 있는 것도 때로는 좋다. 다만, 그 문화 속에 익숙해져서 같은 시간을 함께하는 기쁨에 무뎌지는 것은 아닌지 돌아볼 필요가 있다.

한때 모범적인 아버지로 유명했던 래리 곽 박사는 성공한 '위대한' 의사이자 교수로 2010년 미국 시사 주간지 《타임TIME》이 선정한 '세계에서 가장 영향력 있는 100인'에 들기도 했다. 곽 박사는 귀가해서 꼭 스마트폰을 끄고 자녀들에게 집중하는 시간을 가졌다고 한다. 좋은 학교에 진학시키는 것만이 성공의 척도는 아니지만, 4명의 자녀를 모두 영재로 키워 미국의 명문 대학교에 진학시킬 수 있었던 힘은 '함께 시간 보내기'였다고 한다. 이 가족의 이야기가 각자 위대하면서도 함께 위대해질 수 있는 가족의 살아 있는 표본이 아닐까 한다.

가족

응원의 메시지

정수미

《막두》 정희선 지음, 이야기꽃, 2019.

스물세 살 겨울, 부산에 처음 갔다. 아침 일찍 서울역에서 KTX를 타고 2시간 만에 부산에 도착했다. 부산에서 해운대, 감천문화마을 등을 방문했는데 가장 기억에 남는 곳은 자갈치시장이었다. 자갈치시장은 늦은 밤에도 많은 사람이 열심히 일하고 있었다. 시장에서는 생선, 조개, 꽃게들이 활활 움직이고 있었지만 그중 가장 눈에 띄는 것은 노년의 여성들이었다. 펄떡이는 물고기들을 손으로 건져 회를 뜨고 뜰채로 대게를 잡아 올리는 모습이 아직 해산물 손질을 못 하는 나에게는 인상적이었다.

　《막두》에서는 자갈치시장에서 일하는 한 할머니의 이야기가 펼쳐진다. 막두 할머니는 부산 자갈치시장에서 거의 60년을 일했다. 무례한 손님을 거뜬히 이겨 내는 대찬 말솜씨를 가지고 있지만, 아픈 부모님을 모시는 단골손님에게는 생선을 더 챙겨 주는 세심한 면도 있다. 하지만 이런 막두 할머니에게는 숨겨진 아픔

이 있다. 6·25전쟁 당시 열 살이던 막두 할머니는 피란길에 가족을 모두 잃어버리고 엄마와의 약속을 지키기 위해 부산으로 내려왔다.

"막두야, 잘 들어라이, 우리는 부산으로 간다. 혹시라도 헤어지게 되면 영도다리로 와야 한다. 알갔지?"

하지만 막두 할머니는 부산 영도다리에 도착해도 끝내 부모님을 찾을 수 없었다. 영도다리에서 부모님을 오매불망 기다리던 막두 할머니는 영도다리가 올라가는 것을 보고 소스라치게 놀란다. 기괴한 소리를 내며 하늘로 높게 치솟은 다리는 이제 만남의 장소가 아니라 어린 막두의 앞길을 가로막는 것처럼 보인다. 이런 고난에도 굴복하지 않고 막두 할머니는 언젠가 가족을 만날 수 있으리라는 희망을 품고 자갈치시장에서 자리를 잡고 장사를 시작한다. 하지만 영도다리가 올라갈 때마다 울리는 종소리에 막두 할머니는 계속해서 심장이 벌렁벌렁 뛴다.

그렇게 시간이 흘러 막두가 아지매에서 할머니가 되는 동안 영도다리는 점차 움직이지 않게 되었다. 그러다 TV에서 다시 영도다리가 올라간다는 소식을 보고 할머니는 "내일 개통식에 가서 직접 한번 봐 볼란다."라고 말하며 자신의 어렸을 적 트라우마를 극복하기로 한다. 막두 할머니는 다시 올라가는 영도다리를 그렁그렁한 두 눈을 크게 뜬 채 똑바로 바라본다. 그리고 "오마니, 아바이 대단하지요? 막두도 저만치로 대단하게 살았심더"라고 말하며 자신의 삶에 대한 자부심을 담담하게 말한다.

드라마나 미디어에서 보여 주는 자신의 분야에서 적극적으로 일하는 여성은 주로 20·30대 후반이다. 아마 그 이유는 여성이 아이를 위해 육아휴직이나 퇴직을 하게 되는 경우가 많기 때문일 것이다. 물론 워킹맘으로서 일과 육아를 동시에 할 수는 있지만, 그 역할을 완벽히 수행하는 슈퍼우먼이 과연 있을까? 어린이집에서 근무할 때, 학부모들을 보며 일하는 엄마는 정말 위대하다고 느꼈다. 물론 요즘은 육아휴직이나, 탄력근무제가 생긴 회사들이 있다고 하지만 모든 회사에서 적용되는 것은 아니다. 심지어 자영업을 하거나, 근무 시간이 일정하지 않은 회사에 근무하는 학부모들은 더 힘들 때도 있다. 또 아이들에게는 예상치 못한 일이 일어나기도 한다. 갑자기 아이가 병원에 가는 상황이 생기게 될 때 부모는 직장에서 달려와야 한다. 하지만 직장에서 같이 일하는 동료들에게 미안함을 느끼게 되고 아무리 배려를 잘해 줘도 눈치가 보이기 마련이다. 조부모에게 맡기기도 쉽지 않다. 결국 아이들과 더 많은 양질의 시간을 보내기 위해서 퇴사를 선택하는 모습도 많이 보았다. 그래서 막두 할머니처럼 가족들을 위해 최선을 다해 돈을 벌고, 자식들을 길러 내는 모습을 보면 존경심이 든다.

《막두》를 보면서 유튜버 박막례 할머니 생각이 났다. 박막례 할머니도 가난한 집의 싱글맘으로서 식당 일과 온갖 일을 하며 자식들을 길러 냈다. 하지만 나이가 들어 조금 편안해지나 싶더니, 병원에서 치매가 찾아올 수도 있다는 소식을 듣게 된다. 가장 친밀한 손녀였던 김유라는 회사를 그만두고 할머니에게 치매가 오기 전에 즐거운 기억을 만들려고 호주 여행을 떠난다. 할머니와의 호주 여행을 담은 동영상이 SNS에서 화제가 되자 할머니는 유튜버로 사는 삶을 시작한다. 할머니는 유튜버로 프랑스, 독일,

등 전 세계 여행을 하고, 구글 컨퍼런스에 초대되어서 구글 사장도 만나게 된다. 할머니의 잔잔했던 일상은 즐거운 일들로 가득 차게 된다. 박막례 할머니는 자신의 모든 것을 쏟아부은 식당 은퇴식에서 눈물을 흘리는 모습도 보인다. 박막례 할머니의 명언은 여러 가지가 있는데 "고난은 누구에게나 찾아오는 것이며, 내가 대비한다고 해서 안 오는 것도 아니여, 고난이 올까 봐 쩔쩔매는 것이 제일 바보 같은 거여. 어떤 길로 가든 고난은 오는 것이니께 그냥 가던 길 열심히 걸어가."와 같이 감동적인 말도 있지만 "추억은 돈으로 만든다."와 같은 재미난 말들도 있다. 박막례 할머니는 유튜버뿐만 아니라 자신의 이름을 걸고 만든 밀키트나, 핫팩 등을 출시해서 기부도 하며 선한 영향력을 주면서 살고 있다.

　미디어에서 주목하는 사회에서 성공한 사업가나 사람들은 대부분 남성의 모습을 하고 있다. 여성은 이러한 남성의 성공을 위해 조력하는 어머니, 아내, 등의 모습으로 자주 그려진다. 하지만 이렇게 자신의 손으로 성취를 이룬 노년의 멋진 여성 롤모델이 있다는 것은 지금의 젊은 여성들에게 새로운 희망을 준다. 나도 저렇게 멋있게 나이 들 수 있고, 힘차게 살아갈 수 있다고 기대하게 만든다. 《막두》는 인물들 간의 대화가 부산 사투리로 쓰여 있어 독자들에게 더 생동감을 준다. 실제로 부산 자갈치시장 어디엔가 막두 할머니와 같은 사람들이 살고 있을 것 같다. 막두 할머니처럼 싱싱하고 희망차게 열심히 살아가야겠다고 다짐해 본다.

여기 앉으실래요?

김효정

《저리 가, 알프레드!》 카트린 피에로 글·그림, 이순영 옮김, 북극곰, 2020.

내가 하루 중 가장 많은 시간을 보내는 곳은 바로 '의자'다. 사람들이 있는 곳이라면 어디든 따라다니는 의자는 그 쓰임마다 비슷한 듯 다른 생김새를 가진다. 음식점에 가면 흔히 볼 수 있는 유아용 의자는 아이가 어른과 같은 식탁에 앉아 밥을 먹을 수 있게 해 준다. 부모와 같은 눈높이에 앉게 해 주는 의자는 아이와 부모 모두 한쪽이 지나친 희생을 감내하지 않도록 도와준다. 의자는 교통약자에게 자리를 양보하도록 만들어 주기도 한다. 이처럼 의자는 이제 그저 걸터앉기 위한 용도에 그치지 않는다. 의자에 앉는다는 건, 서로의 눈높이를 맞추려는 노력이 된다. 같은 눈높이의 의자는 서로 다른 삶이 만나도록 도와주기 때문이다. 인간은 누군가의 삶이 지나치게 희생당하지 않기 위해 의자를 만들어 내고 있는지도 모른다.

거리 두기가 우리 사회의 새로운 생존 방식이 된 요즘, 역설적으로 우리가 얼마나 타인과의 대면과 소통을 원하는지 느끼고 있다. 데이비드 소로의 《월든》에서도 고독을 위해 자연으로 들어간 소로는 집에 3개의 의자를 둔다. 하나는 고독을 위해, 둘은 우정을 위해, 그리고 셋은 사교를 위한 것이다. 의자에 앉아 대화를 나눈다는 것은 미묘한 인력을 만들어 낸다. 다름의 영역을 조급하게 섞으려 들지 않고도 우리는 서로에게 가까이 있는 경험을 할 수 있다. 다르기에 갈등과 오해가 생기기 마련이지만, 인간은 언제나 혼자 우뚝 서 있을 수만은 없다. 그래서 때로는 서로의 반경 안에 앉아서 기댈 수 있는 의자가 현대사회를 살아가는 우리에게 필요하다.

　《저리 가, 알프레드!》는 이러한 의자의 특성을 통해 공존의 메시지를 담는다. 남들과 다르게 생겼다는 이유로 살던 곳에서 추방당한 알프레드는 작은 의자 하나만 챙긴 채 자신이 지낼 곳을 찾아다닌다. 알프레드를 거절하는 다른 인물들과 달리 소니아는 알프레드와 의자에 앉아 커피 한 잔을 마신다. 하지만 그 과정이 순조로웠던 것은 아니다. 이방인인 알프레드를 보고 무서워서 집에 숨어 있던 소니아는 이튿날이 되어서야 집 밖으로 나온다. 여기에서 의자는 이들이 관계를 맺는 데 필요한 대상으로, 중요한 역할을 한다. 이 그림책을 통해 우리는 다문화사회의 이면을 볼 수 있다. 공존에는 아직 문턱이 존재한다는 것이다.

　작가는 지역의 난민을 돕기 위해 그림 작업실을 만들어 자원봉사를 할 만큼 공존의 이슈에 관심이 많은 사람이다. 어느 날 작가가 아이들과 함께 파리의 지하철역을 지나다가 그곳에서 잠을 자는 시리아인을 보고 아이들이 궁금해하는 모습에 알프레드 이야기를 만들게 되었다고 한다.

세계적으로 공존이 이슈화되는 요즘, 한국에서도 공존에 대한 태도가 점차 바뀌고 있다. 2018년에는 제주도에 입국한 예멘 난민 신청자가 500명에 이른다는 것이 알려지자 청와대에는 난민의 수용을 반대하는 청원이 올라왔고 38만 명이 이에 동참하기도 했다. 한국은 난민법이 제정되어 있음에도 불구하고 그들 중 0.41%만이 난민으로 인정받았다. 이는 우리 사회에 만연했던 난민 혐오 정서를 보여 준다. 반면 2021년 8월에는 한국이 아프가니스탄에서 온 390명의 난민을 특별기여자 신분으로 수용했다. 이들 중에서 아동은 46%에 이르며 우리는 이들의 입국뿐만 아니라 정착을 돕기 위해 나서기도 했다. 무엇보다 몇 년 전과는 다르게 민간이나 기업 차원의 기부도 나타났다. 우리가 앞으로 모든 난민 신청자를 수용하는 것은 현실적으로 어렵겠지만, 갈수록 긍정적인 여론이 나타나고 난민 반대 정서가 점차 감소하고 있다. 환대에는 분명 문턱이 존재한다. 하지만 우리가 서로를 위해 만들어 내는 의자들이 곧 이 문턱을 넘어서게 할 수 있을 것만 같다.

    며칠 전 온라인 수업을 들으려는데 집에 인터넷이 잘 안 터져서 카페에 갔다. 수업을 듣던 중 누군가가 카페 키오스크 앞을 계속 맴돌고 있어 신경이 쓰였다. 자세히 보니 한 할머니가 키오스크 사용법을 몰라서 헤매고 계시는 것 같았다. 주변을 둘러보니 관심이 없는 건지 아무도 선뜻 나서서 도와주지 않았다. 결국, 나중에 매장 직원이 찾아가서 도와주는 걸 보고 마음이 놓였다. 눈에 밟히는 상황을 참으면서까지 나는 왜 계속 혼자 앉아 있었을까? 그때 나는 내가 잘 알지 못하는 상황에 먼저 개입하고 모르는 사람에게 말을 거는 것에 두려움을 느꼈던 것 같다. 어쩌면 그 카페에 있던 다른 손님들도 마찬가지였을지도 모른다. 보고도 못

본 척하거나 낯선 이의 어려움에 깊이 관여하지 않으려는 모습은 결국 그 할머니를 외롭게 만들었을 것이다. 특히 현대사회에서 낯선 이란 서로 다른 세대부터 성소수자까지 그 영역이 갈수록 넓어지고 있고, 그들의 목소리를 듣지 않는다면 그 어려움을 알기 힘들다.

가끔은 세상이 너무 빠르게 변해서 따라가기 버거울 때가 있다. 주위를 둘러봐도 나처럼 사회의 변화 속도에 잘 대처하지 못하는 현대인들이 늘어나는 것 같다. 현대인들이 갈수록 비사회적인 동물처럼 행동하기 때문이다. 하지만 우리나라는 이미 다문화 국가에 진입했고, 우리 주변에는 다양한 문화가 존재한다. 서로의 안부를 묻고 이야기를 듣는 것 자체만으로도 우리에게는 의미가 있다. 난민을 단순히 숫자가 아닌 고유한 이야기를 가진 사람으로 이해하고 기억한다는 것은 그 자체로 연대의 몸짓이 될 수 있다. 우리는 그렇게 이 사회에 존재하는 공존의 문턱을 깎아 나갈 수 있을 것이다. 의자가 필요한 누군가가 보인다면 한 번쯤은 먼저 물어보는 것도 좋겠다. "여기 앉으실래요?"라고.

친절을 가장한 무례

박락원

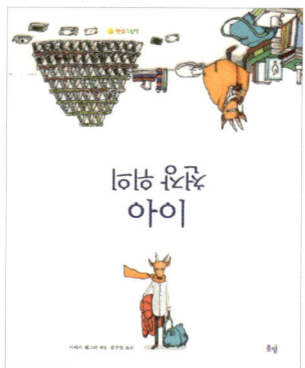

《천장 위의 아이》 미레이카 헤그렌 지음, 강수돌 옮김, 봄봄, 2020.

초등학생 시절, 아빠와 함께 지하철을 탔다가 어딜 봐도 이국적으로 보이는 한 아저씨를 만났다. 한국어를 알아듣지 못할 것이라는 생각에 "방글라데시에서 왔나? 방글라데시, 방글라데시"라며 웃었다. 그러다 아저씨 옆자리에 빈자리가 나자 아저씨가 나를 보며 자신의 옆자리를 손으로 톡톡 두드리는 것이 아닌가. 순간 생각지도 못했던 상황에 얼굴이 붉어졌고 아저씨 옆자리에 조용히 앉았다. 아저씨는 미소 짓더니 질문을 하나 던졌는데, 나를 엄청나게 당황하고 부끄럽게 만들었다. "아빠랑 어디를 가니?" 그는 내 말을 모두 알아들었고 자신이 느꼈던 불쾌함을 정확한 한국어 발음의 질문으로 돌려 이야기했던 것이다. 이 일을 계기로 다른 문화의 사람을 만날 때면 말이나 행동에 더 고민하기 시작했다.

　《천장 위의 아이》에서도 다른 문화에서 온 '세삼'이 등장한다.

앞표지부터 '천장 위의'라는 글자를 거꾸로 표현한 것을 보면 이 아이가 평범하지 않을 것이라는 생각이 든다. 작가는 주인공 '세삼'은 동아프리카 사슴의 일종인 '쿠두', 다른 등장인물은 스웨덴에 사는 독특한 동물인 '엘크'를 생각하며 캐릭터를 만들었다고 한다. 비유적으로 등장하는 각 동물의 사는 나라 즉, 동아프리카와 유럽 두 문화의 만남을 작품에 담았다.

촌스러운 목도리에 붉은 패딩, 파란 배낭을 끌고 온 세삼이 집으로 들어오며 이야기가 시작된다. 그 집에는 부모, 아이 3명으로 구성된 가족이 세삼을 기다리고 있었다. 그들은 풍선과 하트 그림, 선물을 준비하는 등 따뜻하게 세삼을 맞아 주려고 노력한다. 그러나 나의 어렸을 때 실수처럼 엘크 가족은 '세삼'이 등장하자마자 질문을 퍼붓는다. "우리가 하는 말을 알아듣니?", "지금 무슨 생각을 하니?"같이 어찌 보면 무례할 수 있는 질문들을 마치 배려인 것처럼 세삼에게 계속 묻는다.

다음 장을 펼치면 아이들은 세삼에게 더 무례한 언행을 일삼는다. "세삼한테서 이상한 냄새가 나는 것 같아요."라고 하자, 부모는 "이따가 세삼한테 몸 씻는 곳을 알려 주자."라고 말한다. 많은 이주민, 유학생 등 사람들이 다른 문화권에 가면 받는 차별로 호소하는 것이 바로 냄새다. 한 문화에 오래 있었던 사람은 자연스레 그 문화의 음식을 많이 먹다 보니, 음식의 냄새가 체취에 녹아들어 그 이질적인 냄새를 거부하는 경우가 많다. 또 주변 환경에 따라 몸에 다른 냄새가 배는 경우도 있는데 영화 《기생충》만 보아도 부유한 동익(이선균)이 가난한 기택(송강호)에게 "아주 오래된 무말랭이 냄새", "행주 삶을 때 나는 냄새"가 난다며 은근슬쩍 차별하는 모습을 보인다. 사람들은 차별이라는 자신만의 선을 그려 놓고 그 선을 넘는 냄새를 못 견딘다.

　세삼이 가족과는 다른 문화를 가졌음을 드러내는 것이 바로 천장에서 생활한다는 점이다. 작가는 일부러 문화의 차이를 극명하게 보여 주기 위한 수단으로 이러한 설정을 만들었다고 한다. 초반에 엘크 부모와 아이들은 세삼의 다른 생활방식을 이해하고 배려하는 것처럼 행동한다. 하지만 점점 다른 생활방식으로 인해 불편함을 겪자 가족들은 세삼을 경계하기 시작한다. 늘 사용하던 책, 컴퓨터와 아끼는 고양이가 세삼으로 인해 자신들에게 떨어져 천장으로 이동했기 때문이다. 자신들의 생활방식에 세삼이 영향을 주자 엘크 가족은 중요한 것들을 상자 같은 곳에 숨겨 둔다. 귀한 그림들도 세삼의 손에 쉽게 닿지 않도록 천장에서 가장 떨어진 바닥에 내려놓는다. 그림 중에는 네덜란드 화가 요하네스 페르메이르가 그린 <진주 귀고리를 한 소녀>의 작품 패러디도 있었는데, 이 작품에서는 허름한 복장의 소녀가 귀한 진주 귀고리를 하고 있다. 작가는 이러한 작품을 그림 속에 배치하면서 한 사람 안에서도 다른 문화가 서로 부딪힐 수 있음을 보여 준다.

　아이들은 금세 잘못을 뉘우치고 세삼과 함께 놀자고 말한다. 세삼은 아무 말 없이 재촉하는 아이들에게 긴 줄 하나를 늘어뜨리더니 함께 밖으로 나간다. 세삼은 어디론가 떠나 버릴 듯 하늘에 떠 있다. 아이들의 말에서 세삼의 마음을 조금 엿볼 수 있는데 "원래 네 집으로 가는 길도 거기서 잘 보여?"라고 하는 것이다. 여기서 세삼의 양가적인 마음이 드러나는데 고향으로 돌아가고 싶은 향수와 아이들에게 줄을 줌으로써 자신을 잡아 달라고 하는 마음도 함께 있다는 것을 유추할 수 있다. 세삼은 돌아와 고향이 그리운 듯 계속 천장에 색연필로 태양을 그린다.

그러다 어느 날 화자인 '나'는 잠이 오지 않아 한밤중에 부엌에 간다. 항상 천장에서 생활하던 세삼이 웬일인지 부엌 식탁에서 우유 한 잔과 비스킷을 먹고 있었다. 세삼은 아이에게도 잔을 내밀고 함께 우유, 비스킷을 먹는다. 자러 간다는 아이에게 세삼은 "잘 자."라며 인사한다. 처음으로 세삼의 말이 텍스트로 직접 표현된 부분이며 그림책에서 세삼이 처음으로 가족의 일원과 교감을 나눈 장면이다. 하지만 며칠 뒤, 세삼은 사라진다. 세삼의 흔적이 남은 천장에 아름다운 문양이 그려져 있었고 땅에는 딱 하나의 그림이 남아 있는데 작은 보라색 풀꽃이다.

《천장 위의 아이》를 보며 계속 느꼈던 점은 진정한 친절과 배려가 무엇인지였다. 그림책 앞부분에서 가족은 세삼을 계속 걱정하는 듯 말했지만 결국 그들의 질문들은 세삼을 외롭게 만들었다. 세삼을 위해 주는 것처럼 보였지만 정작 자신들의 생활방식이 침해당하자 바로 선을 그었다. 세삼이 주로 홀로 방 천장에서 시간을 보낸 흔적에서 다른 문화를 접했을 때 세삼의 쓸쓸함과 헛헛함이 어떠했을지 짐작하게 만들었다.

이 책을 읽으면서 초등학교 4학년, 경상도에서 처음 서울로 올라왔을 때 내 모습이 떠올랐다. 사투리로 놀림당할까 봐 서울말로 집에서 인사 연습을 얼마나 했는지 모른다. 하지만 어색한 서울말 인사는 바로 들통나 버렸고 쉬는 시간에 아이들이 몰려와 사투리를 시켰다. 처음에는 관심을 두는 것 자체가 고마워서 신이 났다. 그러나 중학생이 된 후에도 같은 초등학교 출신의 몇몇 남자아이가 나를 전학생이라고 놀렸는데, 그 모습들이 나를 불편하고 쓸쓸하게 만들었다. 그렇지만 《천장 위의 아이》에서는 처음에는 무례해 보였지만 서서히 세삼이 무슨 생각을 하고, 정말 원하는 것이 무엇인지 고민하는 아이들의 변화가 그려진다. 그들은 세삼에게 같이 놀자며 진심으로 손을 내민다. 세삼도 그런 마음에 화답하듯 자신이 먹던 우유와 비스킷을 건넨다. 그러나 세삼이 말없이 떠나면서 세삼이 원했던 것은 결국 채워지지 않았음을 엿볼 수 있다. 《천장 위의 아이》는 과연 다른 문화의 사람에게 필요한 친절과 배려가 무엇인지를 곰곰이 생각하게 만든다.

찬다 삼촌의 손가락은 맛을 알아요!

곽영미

《찬다 삼촌》
윤재인 글 · 오승민 그림, 느림보, 2012.

제주에 내려와 지내며 동네를 다니다 보면 건물이나 도로가 크게 변하지 않은 것을 자주 느끼곤 한다. 내가 사는 곳은 이미 오래 전에 발전한 곳이어서 30년 전 모습을 그대로 간직하고 있다. 그런데 눈에 띄게 달라진 부분은 외국인 노동자들이 많이 보인다는 것이다. 도로 보수 공사나 주택 건설 공사 현장에서 외국인 노동자가 없는 현장을 찾기가 어렵다. 이미 많은 외국인이 제주와 함께 삶을 살아가고 있다는 한 신문 칼럼처럼, 제주에는 외국인 투자자, 유학생, 결혼이주여성, 등록 · 미등록 이주노동자, 난민 등이 삶의 터전을 일구고 있었다. 제주뿐만 아니라 농촌 지역사회와 산업단지 곳곳에서 우리는 수많은 외국인 노동자를 쉽게 만날 수 있다. 이제 한국은 외국인 노동자 없이 버틸 수 없는 나라가 되었다. 어떤 이들은 실업자가 넘쳐 나고 있는 현실을 지적하고, 외국인 노동자들의 낮은 생산성과 어려운 의사소통을 비판하며, 외국인 노동자를 받아들이는 것에 거부감을 표하기도 하지만 장시간 노동, 열악한 노동 환경, 저임금 등을 견딜 수 있는 내국인 노동자가 많지 않다는 사실을 우리 스스로 잘 알고 있다. 이제 더는 우리 사회가 단일 민족 국가임을 내세울 수 없고, 외국인 노동자와 함께하는 삶을 거부할 수도 없다.

《찬다 삼촌》은 초등학교 국어 교과서에 실린 작품이다. 처음 이 그림책을 보았을 때, 당시 다문화 그림책의 내용과는 다른 시선으로 외국인 노동자가 그려져서 눈길이 갔다. 다른 다문화 그림책에서는 외국인들의 모습이 어둡고, 도움이 필요한 존재로 많이 그려졌다. 그런데 이 작품에서는 찬다 삼촌이 밝고, 주체적이며, 아이를 도와주는 캐릭터로 그려졌다. 여러 차례 읽다 보니 다문화 주제뿐만 아니라 글과 그림의 관계가 잘된 좋은 그림책임을 알게 되었다. 이 그림책은 자신의 집에 찾아온 외국인 노동자 찬다 삼촌과 친구가 되어 가는 한 어린아이의 이야기를 담고 있다. 아이는 피부색과 언어가 다른 찬다 삼촌을 낯설게 바라본다. 직접 말을 걸지도 못하고, 좋다고도 말하지 못하지만 찬다 삼촌이 하는 행동을 유심히 관찰하며 따라 하거나, 찬다 삼촌이 집으로 돌아갈까 봐 매번 걱정하며 아빠에게 묻는다.

아동들이 그림책 속 찬다 삼촌과 같은 외국인 노동자들을 어떻게 바라볼지 궁금해, 함께 그림책을 읽으며 찬다 삼촌에게 어떤 반응을 보이는지 살펴보았다. 나는 아동들이 찬다 삼촌을 낯설게 보거나 거부하는 모습을 볼 거라 여겼는데, 아동들 역시 외국인 노동자들에게 익숙한 환경에 살고 있는지, 찬다 삼촌을 낯설어하지 않았다. 한 아동이 어디서 왔는지를 묻자, 다른 아동들은 본문 속 글인 '히말라야'와 카레 그림을 통해서 인도와 네팔과 같은 나라들을 자연스럽게 연결했다. 그들은 찬다 삼촌이 외국인 노동자라는 사실을 금방 파악했으며, 찬다 삼촌과 주인공이 친구가 되어 가는 과정에 관심을 보였다.

"내 손도 맛을 알아요."

손가락으로 음식을 먹는 찬다 삼촌에게 젓가락질부터 배워야겠다는 아빠의 말에 찬다 삼촌은 이렇게 대꾸한다. 찬다 삼촌은 손으로 음식을 먹는 자국의 전통 식문화를 고수하며, 그 의미를 아빠에게 알려 준다. 찬다 삼촌 말에 아이는 아빠 몰래 손가락으로 밥과 멸치를 먹어 보고, 찬다 삼촌이 머리를 감겨 줄 때도 손가락이 어떤 맛을 느낄지 궁금해한다. 아이는 아빠와는 다르게 손으로 밥을 먹는 다른 문화에 관심을 가지고 그것을 따라 하며 찬다 삼촌을 이해하려는 모습을 보인다. 성인 독자들과 이 장면을 읽었을 때 찬다 삼촌에게 젓가락질을 강요한 아빠의 태도에 찬다 삼촌의 문화를 이해하지 못하고, 한국 문화를 강요하는 것 같다며, 마음이 불편했다고 말한 분들이 있었다. 나 역시 그들의 말에 동의한다. 그러나 한편으로 아빠의 의도는 찬다 삼촌에게 한국의 전통 음식을 더 빨리, 더 쉽게 먹을 수 있도록 도와주고자 하는 의도가 아니었을까 생각된다.

시간이 흐르고 찬다 삼촌과 아이는 비밀을 공유할 만큼 친한 친구가 되고, 서로를 이해하게 된다. 엄마가 없는 아이에게 찬다 삼촌은 엄마처럼 머리를 감겨 주고, 외로운 아이와 함께 수다를 떠는 존재가 되고, 아이는 저녁 외출로 홀로 집에 있게 될 찬다 삼촌을 걱정하며, 자신의 애착인형을 건넨다. 이 그림책은 언어가 잘 통하지 않아도, 문화가 달라도, 서로를 이해하고, 좋아한다면 누구든 친구가 될 수 있음을 잘 보여 주고 있다.

30대 때 외국 여행을 많이 다녔다. 외국 여행을 하면서 많은 외국인들과 만났는데, 나는 그들과 친구가 되는 과정이 어렵지 않았다. 한국에서는 소위 '아싸Outsider'라고 생각되었던 소극적이고, 내성적인 내가 외국 친구들을 사귈 때는 '인싸Insider'가 되어 있었다. 외국이라는 공간 때문인지, 살아남기 위한 방법이었는지, 훨씬 더 자유롭게 친구를 사귈 수 있었다. 그리고 무엇보다 내가 그들과 쉽게 친구가 될 수 있었던 건, 관계를 맺을 때 진심을 다했기 때문이다. 그림책 속 찬다 삼촌과 아이가 좋은 관계가 되었던 것 역시, 그런 진심이 통한 것이라고 생각한다.

코로나19 유행으로 많은 것들이 변화했다. 음식점, 미용실, 노래방 등과 같은 편의시설을 자유롭게 이용하기도 어렵고, 누군가가 내 집에 오는 것도 마냥 좋아할 수 없다. 얼마 전 뉴스에서는 코로나19 방역을 빌미로 외국인 노동자들을 공장 밖으로는 한 발짝도 나가지 못하게 하는 사업주들이 있다는 소식이 나왔다. 누군가는 한국인들도 함부로 나다니지 않는다며, 별스럽지 않은 기사로 여길 수도 있을 것이다. 하지만 그들이 격리 대상이 아닌 경우, 자의가 아닌 타의로 공장 밖으로 나갈 수 없다면 그것은 코로나19 방역의 문제가 아니라 인권의 문제라고 생각된다. 우리는 누구나 자국이든 타국이든 자신의 인권을 침해받으며 살고 싶지 않을 것이다. 그리고 누군가의 인권을 침해해서도 안 된다. 우리 사회가 진정한 선진국이라면 타인의 인권을 이해하고, 사회적 약자의 차별과 혐오를 넘어 모두가 인간다운 삶을 살아갈 수 있는 권리를 인정해야 하지 않을까 싶다.

049

다문화

손가락이 다섯 개인 이유

정수미

한국에서는 과연 얼마나 많은 다문화 가정의 아이들이 자라나고 있을까? 어린이집에 근무하기 전에는 '한 어린이집 안에 많아도 한두 가족 정도이려나?'라고 생각했는데 막상 현실은 각 반마다 한두 가정으로 생각보다 많은 다문화 가정의 아이들이 있어 놀랐다. 어린이집 근무를 시작하면서 눈앞에 있는 다문화 가정과 어떻게 하면 원활하게 소통할지 고민이 많았다. 아이들은 친구들과 놀이하면서 금방 언어를 익혔다. 하지만 가장 고민이 많은 점은 학부모와의 의사소통이었다. 물론 주 양육자가 한국인이거나 한국에 거주한 지 오래되어 한국어로 소통이 원활한 가정도 있었다. 하지만 아직 한국어가 서툰 부모와 대화할 때는 천천히 말하거나, 바디랭귀지, 짧은 외국어 실력으로 전달했다. 그리고 중요하게 전달할 내용이나 학부모 상담을 하게 될 때는 번역 앱을 이용해서 소통했다. 하지만 매번 번역 프로그램을 사용하면서 소통하기에는 번역 프로그램의 오류도 있고, 프로그램을 사용해 소통하는 데에는 시간이 걸려 즉각적으로 소통할 수 없는 단점도 있다. 물론 외국어에 능통한 선생님도 있지만, 그 선생님이 매번 다문화 아이의 담임 선생님이 아닐 수도 있다. 또 매번 다른 국가의 외국어를 새로 배워 능숙하게 소통하기에는 현실적으로 힘들어 활발하게 소통하기에는 어려움이 있다. 물론 다문화 아이들이 많이 거주하는 지역에는 다문화 선생님이나 다문화 지원금을 받는 어린이집들도 있다. 하지만 지원을 받을 수 있는 기준에 조금 미치지 않아 다문화 관련 지원을 받을 수 없는 곳들의 현실도 있다.

 나도 초등학교 때부터 영어를 배우긴 했지만 영어 회화 실력은 시간이 흘러도 제자리걸음이다. "오늘 ○○이가 친구들이랑 잘 놀았어요."라고 짧은 단어나 문장은 말한 적은 있다. 그렇지만 전달해야 할 내용이 많거나 중요한 내용이 있을 때 마음처럼 말이 나오지 않아 자괴감에 빠져들었다. 이럴 줄 알았으면 영어 회화 공부를 더 해 둘걸! 하지만 더 큰 산은 영어를 제외한 또 다른 언어다. 중국어나 일본어로는 겨우 숫자만 세는데 내용을 진땀을 빼면서 설명했다. 그러면서 '교사로서 각기 다른 배경을 가진 아이들을 대할 때 어떻게 해야 할까? 아이들과 학부모가 어떻게 하면 더 좋은 방법으로 적응할 수 있을까?'라는 고민을 했다.

 그때 우연히 《다섯 손가락》을 보게 되었다. 《다섯 손가락》에서는 사람의 다섯 손가락이 각각 할 수 있는 일을 말해 준다. 엄지손가락으로는 찬성과 반대를 표현한다. 집게손가락으로는 무언가를 가리키거나 코를 판다. 가운데 있는 손가락으로는 나쁜 뜻을 표현하는 사람들도 있지만, 주인공은 절대 그러지 않기로 한다. 넷째 손가락에는 예쁜 반지를 끼고, 새끼손가락으로는 무당

벌레의 쉼터가 되어 주기도 한다. 이처럼 다섯 손가락은 생김새도 잘하는 것도 다 다르지만 다섯 손가락 각각 소중한 역할을 한다. 그리고 다섯 손가락은 다 같이 모여 있을 때 더 좋은 영향력을 발휘한다. 다섯 손가락 모두가 있을 때 할 수 있는 일은 무언가를 위해 싸우거나, 가려운 곳을 긁기, 누군가를 쓰다듬어 주기 등이다. 마지막으로 오른손과 왼손이 모이면 손으로 하트를 만들기, 누군가를 안아 주기, 비둘기 날리기, 누군가의 손을 잡아 주기 등을 할 수 있다. 이처럼 《다섯 손가락》은 각기 다른 손가락들이 모였을 때 더 아름다운 세상을 만들 수 있다고 말해 준다.

"이리 와, 내 손을 잡아!"라며 두 손이 서로 손을 내미는 장면이 나온다. 이는 마치 서로에게 의지가 되어 주겠다는 듯 보인다. 그다음 장면에서는 각기 다른 옷차림과 머리모양을 하는 다섯 사람이 어깨동무하는 모습을 보여 준다. 불교, 이슬람교, 힌두교, 기독교, 유대교의 머리와 옷차림을 한 다섯 사람이 표지에서 보았던 벽돌담 위에 앉아 노란색 크레파스로 그려진 노을이 지는 모습을 바라보고 있으며 배경에는 놀이터에서 신나게 논 흔적들이 남아 있다. 서로 겉모습과 종교가 달라도 함께 공존할 수 있다는 것을 보여 준다.

"더 멋진 세상을 보고 싶다면 우리 스스로 변화를 만들어 가야 해."라는 간디의 명언으로 이야기는 끝나게 된다. 하나의 손가락에서 한 손, 한 손에서 두 손이 모두 모였을 때는 누군가를 안아 주거나 손을 잡아 주며 타인을 포용하는 모습을 통해서 나와 다름을 인정하고 받아들이고 있다. 이 책을 통해서 앞으로 한국이 점점 다문화사회가 되면서 나와 다른 사람의 문화를 이해하고 공존하기 위해서는 먼저 다름을 포용할 수 있는 사회 분위기를 형성해야 한다고 느꼈다.

　《컬러풀 웨딩즈》라는 프랑스 영화가 있다. 프랑스 백인 클로드 부부는 보수적인 독실한 가톨릭신자이며 딸을 4명이나 낳았다. 부부는 딸들이 아랍인, 유대인, 중국인과 결혼한 뒤로는 가족 식사 때마다 자신도 모르게 편견에 휩싸인 인종차별적인 발언들을 하게 된다. 클로드 부부는 마지막 희망인 막내딸만큼은 프랑스인이자 가톨릭 종교를 가진 사람과 결혼하기를 바란다. 하지만 막내딸의 예비 배우자는 아프리카 출신 흑인 남성이지만 가톨릭 집안의 사람이다. 이 부부는 프랑스인이 아닌 것에 매우 우울해 하고 다른 사위들도 이 결혼을 막으려고 한다. 하지만 클로드 부부의 남편과 막내딸의 시아버지는 낚시를 좋아하는 공통점이 있고, 클로드 부부의 부인과 막내딸의 시어머니는 독실한 가톨릭 신자이면서 춤을 추는 것을 좋아하는 공통점을 발견하고 즐거워한다. 영화는 막내딸 부부가 성당에서 결혼하면서 해피엔딩을 맞이하게 된다. 이 영화처럼 항상 유쾌하게 인종차별이 손쉽게 해결될 수는 없겠지만 한 나라에서 공존하기 위해 손가락이 5개가 각기 빛나는 것처럼 우리가 모두 어우러져 있어야 더 빛날 수 있지 않을까 생각해 본다.

다문화

남들과 다른 내가 세상 속에서 일어서는 법

김주다

우리는 모두 각자 다르다. 개성이 다양하다는 면에서, 성격이 다르다는 면에서, 다른 문화권에서 산다는 면에서 우리는 서로 다르다. 하지만 이러한 수평선 상이 아닌 수직선 상에서 다르다고 생각되는 경우도 있다. '우린 달라요'라는 말이 전하는 메시지는 너와 내가 어느 정도 동등하다는 입장일 때와 너와 나는 같은 부류가 아니라는 입장일 때 현저하게 다르다. 같은 문장이지만 그 맥락과 뉘앙스는 수평과 수직이라는 단어로 구분하는 것 말고는 달리 설명할 길이 없어 보인다. 수평과 수직이라는 단어를 이렇게 사용하는 것이 불편하지만 말이다. 대체로 눈으로 보이는 부분이 다를 경우 수직적으로 다르다고 보는 것 같다. 피부색이 다르거나, 대부분 사람들이 갖고 있는 무언가가 없거나, 흉터가 크거나, 눈에 띄게 행동이 이상한 경우가 그러하다. 그리고 아직도 한국에서는 장애를 가지고 살아가는 사람들에 대한 시선이 편하지 않다. 신체적 장애뿐만 아니라 정도의 차이는 있지만 정신적인 문제를 가지고 있는 사람들도 많다. 남들과 다른 그들을 가족들이 사랑으로 돌보아도 사회에 나오면 현실의 벽에 부딪혀야 한다.

　자폐를 안고 있는 자녀를 둔 엄마 유튜버들이 있다. 통영에 거주하는 한 유튜버는 가족들과 함께 행복한 일상을 사는 자녀의 모습을 공개한다. 가족들의 사랑을 받으며 그 아이는 무럭무럭 자라고 있다. 반면에 다른 유튜버는 한국을 떠나 캐나다에서 아이를 키우기로 했다. 캐나다의 사회적 분위기에 대해서도 간접적으로 알 수 있는 콘텐츠를 업로드하기도 한다. 그런 면에서 아직까지 우리 사회가 '다름'을 수용할 수 있는 사회적 분위기는 아닌 것 같다. 가족들의 사랑을 받고 자라도 사회에서 홀로서기를 해야 할 때 마주해야 하는 민감한 시선이 있는 것이다. 우리 사회가 남들과 다른 사람들이 마음 편히 지낼 수 있는 분위기가 아니라는 점이 씁쓸하다. 그럼에도 불구하고 한국에서 사랑받고 자라는 자폐 아동의 모습을 업로드하는 엄마 유튜버의 노력이 작게나마 우리 사회를 바꿀 수 있지 않을까 기대하게 된다.

　《귀 없는 그래요》의 '그래요'는 귀, 코, 꼬리가 없이 태어난 토끼다. 할 줄 아는 말도 '그래요'밖에 없어서 이름이 '그래요'다(원작에서 이 토끼의 이름은 '그래요'가 아니라 'Gronouyot'다). 그래요는 가족들의 사랑을 받고 자랐지만 학교에서 수업 시간에 적응하지 못한다. 친구들도 다른 말을 하지 못하고 '그래요'만 되풀이하는 그래요의 모습을 놀린다. 그래요는 처음으로 자신의 모습이 싫어졌고, 거울을 보며 귀가 달린 모자를 쓴다. 그래요처럼 집에서 사랑받고 자라도 사회로 나갔을 때 상처를 받는 경우가 많다. 그래요가 집에서 사랑받았기에 건강하게 극복할 수 있었다는 생각이 들지만, 처음으로 그래요를 거울 앞에 세우고 자신이 갖지 못한 두 귀를 갈망하게 만든 것은 가족과는 다른 사회 속 시선이었다. 부모와 가족의 울타리에서 벗어나 홀로 그 세상 속에 섰을 때 남들과 다른 자신의 모습을 직면하게 된 것이다. 우리 주변에는 나에게 사랑을 주는 존재도 있지만, 현실을 직시하게 만드는 존재들도 있다. 그 사이에서 사랑도 받고 상처도 받으면서 진짜 나를 찾아간다. 아무리 사람들에게 존중해 달라고, 인정해 달라고, 다르게 대하지 말라고 소리를 높여 말해도 모두가 귀 기울여 듣는 것은 아니다. 언제나 내 아픈 모습을 보게 하는 존재를 만나게 된다. 그러니 사랑과 상처 사이에서 잘 견디기 위해 마음의 갑옷을 준비해야 한다.

병원에서 의사는 흡사 개구리와 비슷하게 생긴 그래요에게 동화 《개구리 왕자》에서처럼 '공주의 키스'를 받으면 토끼가 될 수 있다고 처방을 내리지만 아무런 효과도 없었다. 마치 남들과 똑같이 되고 싶다는 소망은 결코 이룰 수 없는 헛된 꿈이라고 말하는 것 같기도 하고, 그래요의 원래 모습은 그래요가 갈망하는 토끼의 모습이 아니라 그래요의 모습 그 자체라는 말로 들리기도 한다. 무얼 해도 남들처럼 될 수 없다는 사실에 절망하고 눈물을 흘리던 그래요는 자신의 눈물이 떨어진 연못 위에서 춤추는 달을 발견하면서 자신의 정체성을 찾게 된다.

"나처럼, 달도 하늘에서 덩그러니 혼자야. 그렇지만 그 무엇도 달이 웃고 춤추는 걸 막을 수 없어. 달은 별들이 빛나게 하려고 춤을 추는 거야. 달은 밤하늘을 아름답게 만들려고 춤을 추는 거야."

그래요는 달이 다른 존재를 빛나게 하고 어두운 밤하늘을 비추기 위해 춤추고 있다고 믿었다. 잠깐 스치듯 보았던 연못 위 풍경이 그래요의 마음속에 그러한 믿음을 심어 줬다. 슬픔과 절망의 눈물을 흘리지 않았다면 발견할 수 없는 광경이었을 것이다. 그래요도 달처럼 춤을 추기로 했다. 어둠을 밝히기 위해서 말이다. 그렇게 춤을 추는 그래요를 보며 가족들도 친구들도 함께 춤을 췄다. 그래요가 자신의 정체성 위에 바로 서자 그래요를 놀리던 친구들도 더 이상 괴롭히지 않았다. 내가 남들과 다른 나의 모습을 설명할 수 있다면, 나의 삶을 해석할 수 있다면, 다른 사람의 시선은 나에게 영향을 미치지도 못할뿐더러 역으로 나는 세상에 선한 영향을 미치는 존재가 될 수 있다.

미국에 앤이라는 소녀가 살고 있었다. 어머니는 결핵으로 사망하고 알코올 중독자인 아버지를 두었던 앤과 그의 동생은 보호소에 맡겨졌지만, 동생마저 죽게 되었다. 그 충격으로 앤은 실명했고 자살 시도도 여러 번 했다. 정신병동으로 보내진 앤을 모두가 포기했을 때 한 할머니 간호사인 로라가 그녀를 돌보기로 자원했다. 로라는 날마다 초콜릿을 가지고 가서 책을 읽어 줬지만 앤은 아무런 반응을 보이지 않았다. 그럼에도 로라가 포기하지 않고 끝까지 다가가자 앤은 조금씩 정상적인 사람으로 변화되어 갔다. 이후 시각장애아 학교에도 입학하고 교회에서 신앙을 키우며 앤은 밝은 모습을 되찾았다. 그리고 열심히 공부해 우등생으로 학업을 마치고 한 신문사의 도움으로 눈 수술도 받을 수 있었다. 수술을 받은 이후, 앤은 신문 기사에서 한 구인 광고를 보게 되었다. 보지도 못하고 듣지도 못하고 말도 못 하는 아이를 돌볼 사람을 찾고 있었다. 앤은 로라에게서 받은 사랑을 돌려주기로 했고 헌신적인 사랑을 보내며 그 아이의 삶에 기적을 선물해 주었다. 그 아이가 바로 헬렌 켈러였다. 서양 격언 중에 'Scars into stars'라는 말이 있다. '상처는 별이 된다'는 의미다. 앤 설리반은 자신의 상처로 헬렌 켈러의 밤하늘을 비추었다. 헬렌 켈러를 가르쳤던 그 사랑이 바로 그래요의 춤 아닐까?

나는 상처가 별이 된다는 말을 체험하고 있기에 그 말을 믿는다. 남들과 달라서 세상의 따가운 시선 속에서 살아가고 있는 사람들이 각자의 춤추는 달을 발견할 수 있길 응원한다. 장애로 여러 어려움을 겪는 경우도 있지만 그뿐 아니라 복잡한 현대사회를 살아가는 만큼 우리 사회에는 많은 문제가 있고 그만큼 다양한 어둠이 존재한다. 그 많은 문제의 주인공들이 이 세상에 드리운 다양한 영역의 어둠을 밝게 비추는 별이 되었으면 좋겠다.

> 성역할

남자답게? 여자답게? 나답게!

곽영미

《인어를 믿나요?》
제시카 러브 지음, 김지은 옮김, 웅진주니어, 2019.

학교와 도서관 수업에서 초등학교 학생들에게 동화책, 그림책을 통합한 인권 프로그램을 자주 진행한다. 《옥수수 할아버지》라는 동화책을 자주 읽는데, 이야기에 등장하는 할아버지들은 춤을 배우는 캐릭터들이었다. 주인공인 초등학생 남자아이는 그런 자신의 할아버지를 무척 싫어한다. 현실 속 아동들의 반응이 궁금해서 자신의 할아버지가 춤을 배운다면, 할머니들과 함께 손을 잡고 춤을 춘다면 어떨 것 같은지 물었다. 대다수 남자 아동들은 춤을 추는 할아버지가 싫다고 답했다. 이유를 물으니 특별한 이유 없이 할아버지들의 모습에 반감이 느껴진다고 했다. 아동들은 여전히 춤은 여성적이며, 할아버지는 사회가 요구하는 강한 남성적인 모습을 가져야 한다는 편견을 가지고 있었다. 매번 똑같은 남자 아동들의 반응이 놀라웠다. 나는 현대사회에서 성 역할 고정관념이 많이 무너지고, 변화하고 있다고 생각했다. 더군다나 초등학교에서 이와 관련한 인식 개선 교육 프로그램이 많이 진행되고 있기에 아동들의 고정된 성 역할 사고가 덜할 것이라 여겼다. 그런데 성 역할 고정관념은 견고히 존재하고 있었다.

최근 언니의 장례식에서 상주를 하려고 여성인 자신을 남성이라고 말해 상주를 할 수 있었다는 여동생의 기사를 본 적이 있다. 남자 형제가 없는 집안에서는 딸이 아닌 사위가, 때로는 조카가 상주 역할을 하기도 한다. 여자라는 이유만으로, 자신의 부모를 보내는 장례식의 주인이 되지 못하고, 남자라는 이유로 자식이 아닌 조카나 사위가 그 자리를 차지하는 게 맞는 일일까? 그렇지 않은 경우도 많겠지만 여전히 상주는 남자만 할 수 있다고 생각을 하는 사람들과 장례 문화가 존재하고 있다.

물론 이와 반대로 성 역할 고정관념이 달라지고 있는 부분도 일상에서 자주 경험할 수 있다. 인터넷 카페 게시판에는 아들이 화장을 좋아하고, 예쁜 옷을 너무 좋아한다고 걱정이 많다는 엄마들의 이야기가 종종 올라온다. 그런데 최근 댓글을 읽어 보면 성 편견적인 시각이 줄고 자아 정체성을 존중하고 이해하자는 글들이 많다. 예술적 감각과 감성이 있는 아이인 것 같다, 하고 싶은 대로 맘껏 즐기며 살게 해 주라, 아이의 모습 그대로를 지지해 주라는 엄마들의 댓글을 볼 때면 우리 사회가 변화하는 것 같아 기쁘다.

《인어를 믿나요?》는 자신이 좋아하는 것을 찾으며, 자신의 정체성을 알아 가는 줄리앙의 이야기다. 줄리앙은 인어를 좋아하는 남자아이로, 원제는 Julián is a Mermaid다.

할머니와 지하철을 타고 가던 줄리앙은 인어 복장을 한 여성들을 보며, 자신이 인어가 되는 상상을 한다. 그러고는 집으로 돌아와 화장을 곱게 하고, 식물과 커튼을 이용해서 인어로 변신한다. 인어를 좋아하는 남자아이라니! 화장을 곱게 하고, 인어 복장을 한 남자아이가 자신이 인어라고 하면 당신은 어떤 반응을 보이겠는가? 나는 잠시 당황스러울 것 같다. 그래도 얼마 지나지 않아서 줄리앙의 할머니와 같은 반응을 하지 않을까 싶다. 아니 그랬으면 하는 바람이 크다.

줄리앙의 할머니는 줄리앙에게 화를 내지 않고, 되레 인어 복장과 잘 어울리겠다며 목걸이를 건넨다. 줄리앙의 모습을 그대로 인정하고 지지하는 할머니의 사랑이 전해진다. 만약 할머니가 화를 내며, 줄리앙의 모습을 거부했다면, 줄리앙은 엄청난 상처를 받았을 거다. 할머니는 줄리앙의 자아 정체성에 가장 많은 영향을 주는 인물이기 때문이다. 이 장면 속 할머니의 옷 색깔과 문양은 줄리앙이 상상했던 바닷속 인어의 모습과 동일한데, 자신에게 목걸이를 건네는 물고기와 할머니가 동일한 대상이라는 사실을 그림을 통해 연결하고 있다.

영화 《빌리 엘리어트》는 발레리노를 꿈꾸는 탄광촌 소년의 이야기다. 광부인 아버지와 형은 수줍음이 많고, 권투가 아닌 발레에 관심을 두는 주인공 빌리를 이해하지 못한다. 하지만 빌리가 춤을 진정으로 사랑하고, 춤출 때 가장 행복하다는 것을 알게 되며, 아버지와 형은 춤을 배우는 빌리의 강력한 지지자로 변한다.

인간은 정체성 없이 살아갈 수 없다. 정체성은 삶의 기반으로, 정체성 형성에 가장 중요한 대상은 부모와 가족이다. 우리는 일생을 살면서 다양한 정체성을 만든다. 자아 정체성을 시작으로 성 정체성, 직업 정체성, 사회와 민족 정체성까지. 이러한 다양한 정체성을 형성하는 과정에서 서로를 존중해 주고, 지지자를 만나서 긍정적이고 바람직한 정체성을 형성해 나갈 수 있다. 아동들은 그런 지지자를 만나야 하고, 어른은 누군가의 좋은 지지자가 되어야 한다.

"그래, 우리 꼬마 인어도 같이 가 볼래?"

할머니는 많은 사람 앞에서 몸을 숨긴 줄리앙에게 머메이드 퍼레이드에 함께 가자고 제안한다. 이 이야기에는 남자답게, 여자답게 행동해야 한다는 고정된 성 역할을 버리고, 자신의 정체성을 찾아가는 줄리앙과 그를 지지하는 할머니의 모습이 잘 나타나 있다.

작가 제시카 러브는 실제 가까운 트랜스젠더인 친구가 있어서, 그들의 삶을 들여다보면서 이 책의 영감을 얻었다고 한다. 여성인 그는 첫 번째 책인 이 작품으로 다양한 상을 받았고, 2021년에는 《결혼식에 간 훌리안》을 출간해, 결혼식에 참가한 줄리앙의 모습을 담았다. 이 그림책에서는 동성애자의 결혼식 소재가 먼저 눈에 들어온다. 나는 이 그림책에 나오는 커플을 동성으로 보았는데, 이성으로 보는 시각도 있어서 놀랐다. 동성애자의 결혼식 소재보다는 이 책에서 말하고자 하는 주제는 주인공 줄리앙(훌리안)과 새 여자 친구, 마리솔의 이야기 안에서 찾을 수 있다. 수줍음이 많고 꽃과 예쁜 것들을 좋아하는 줄리앙(훌리안), 와일드하고 장난꾸러기인 마리솔이 서로의 옷차림에 변화를 주면서 남성이기에 와이셔츠를 입고, 넥타이를 하지 않아도 되고, 여성이기에 화관을 쓰고, 예쁜 드레스를 입지 않아도 된다는 것을 보여 준다. 서로가 좋아하는 모습으로, 편한 모습으로 결혼식에 참가할 수 있다는 이야기를, 결혼식과 연결해 보여 주고 있다. 작가는 성(性)의 구분을 떠나, 개인 누구나 자유롭게 살아갈 수 있다는 자유의지에 대한 가치를 두 그림책에서 공통으로 보여 주고 있다는 생각이 들었다.

울고 싶을 땐 언제든지 울어도 괜찮아요!

신미성

《남자가 울고 싶을 땐》
존 티 홀리 글그림, 김보람 옮김, 북이어유, 2019.

 "아들은 강하게 키워야 해!" 서른 살에 아빠가 된 나의 배우자가 최근에 자주 하는 말이다. 이제 갓 6개월이 된 아이와 놀아 주다가도 은연중에 '남자는 이래야 해!', '남자니까 괜찮아.'라는 말을 종종 하곤 한다. 반면 서른한 살에 처음 엄마가 된 나는 배우자의 그런 표현들이 조금은 불편하게 들려왔다. 성별과 관계없이 아이를 양육하는 태도는 동일해야 한다고 생각하기 때문이다. 나는 배우자의 그러한 표현들이 2020년대를 살아가는 1992년생으로서 꽤 고리타분하다고 느꼈다.

 또래인 배우자와 나와의 생각이 다른 이유는 우리가 자라 온 환경이 다르기 때문일 것이다. 나의 배우자는 유년 시절 내내 축구선수로 성장하기 위해 전국을 다니며 운동부 기숙사 생활을 했다. 운동집단은 치열한 경쟁사회였고, 그 속에서 살아남기 위해 남들에게 약한 모습을 보이고 싶지 않았다고 한다. 특히 감정에

휘둘리는 모습을 보이지 않기 위해 자신의 감정을 억눌렀던 그 경험이 '남자'로서의 자신에 대한 고정적인 생각을 가지게 된 계기가 된 것 같다고 회상했다.

나의 배우자는 성인이 된 후에도 타지에서의 생활을 계속했고, 결혼 전까지도 가족들과 함께 한집에서 살았던 날들은 손에 꼽을 정도다. 반면 나는 성인이 되어서까지 부모님과 함께 살며 과할 정도로 보호를 받으며 살아왔기에 당연히 나의 배우자와 생각과 가치관이 다를 수밖에 없을 것이다. 특히나 어린 나이부터 홀로 강도 높은 운동을 하며 거친 환경 속에서 자란 나의 배우자는 자립심과 독립심을 가장 중요하다고 여기는 사람이다. 그러나 나는 그보다 내가 받아 온 사랑과 보호만큼 우리 아이에게도 내리사랑처럼 전해 주고 싶은 마음이 우선인 사람이다. 결국 우리들이 자라며 부모님과 주변의 영향으로 인해 형성된 태도와 가치관이 자연스레 우리 아이에게도 영향이 가고 있다는 것을 깨달았다.

부모의 태도는 아이에게 삶의 가치관을 만들어 주는 매우 중요한 부분이다. 우리 부부의 가치관과 양육 태도에 대해 고민을 하며 지내던 중 《남자가 울고 싶을 땐》을 만났다. 주인공 소년 레비는 새로 전학 온 학교에 처음으로 등교하는 날 아침 눈물이 그렁그렁 맺힐 정도로 걱정이 가득하다. 레비의 아버지는 그런 아들을 보며 힘이 되어 주는 말을 해 주고 싶었고, 고심 끝에 "우리 아들! 남자는 울지 않는 거야."라고 말한다. 이때 아버지의 표정은 누구보다 레비의 마음에 공감하고 있음을 알 수 있다.

눈물을 닦고 등굣길에 나선 레비는 눈물이 나올 것만 같지만 아버지의 말을 기억하며 꿋꿋이 참는다. 그러나 레비는 학교에 가는 길에 아버지의 말과는 달리 여러 성인 남자들이 눈물을 흘리고 있는 모습들을 보게 된다. 부둣가에서 가족과 작별 인사를 하는 덩치 큰 뱃사람도, 슬픈 음악을 연주하는 음악가도, 고양이를 잃어버린 폭주족 아저씨도 모두 눈물을 흘리고 있다. 그들이 자연스럽게 눈물을 흘리며 감정을 표출하고 있는 모습을 보며 레비도 자신의 감정을 솔직하게 표현하는 것이 자연스러운 일임을 깨닫게 된다. 레비는 걱정과는 달리 즐겁게 학교를 마치고 돌아왔고 자신이 걱정되어 눈물을 글썽이고 있던 아버지에게 이렇게 말한다.

"아빠, 그거 알아요? 울고 싶을 때는요,
얼마든지 울어도 괜찮아요."

레비의 아버지는 진심 어린 눈물을 흘리며 레비를 꼬옥 껴안아 준다. 아버지가 레비에게 건넸던 그 말은 아마도 그가 그 상황에서 가장 빨리 떠올릴 수 있는 표현이었을 것이다. 자신이 자라면서 들어왔던 말처럼 말이다.

작가는 이 이야기를 "Let boys be boys.", 소년은 소년 그 자체로 두어야 한다는 개념에 대한 가장 진실한 해석이라고 이야기한다. 즉, '남자이기 때문에'가 아닌 그저 한 사람으로서 자신이 느끼는 감정과 상처받기 쉬운 부분 등 모든 것을 표현하도록 해야 한다고 말하고 있다. 이 책에서 또 한 가지 눈에 들어온 것은 'Big Boys Cry'라는 원제목이다. 원서의 제목과 본문 속에서는 'big boy'라는 표현이 사용되었으나 국내 번역서에는 'big'에 대한 의미는 결여된 채 '남자'라고만 번역되어 있다. 'big boy'라고 표현한 작가의 의도가 궁금해져 사전적 의미를 찾아보았다. 'big'은 '나이가 더 많은' 또는 '성장한'의 뜻을 가지고 있기도 하고, 'big boy'는 꾸지람을 할 때 '다 큰 남자니까'라는 의미로 사용되기도 한다. '남자'는 울면 안 된다는 전제와 같이 'big'의 의미도 비슷한 의미를 지니고 있는 것 같다.

 나는 일상 속에서 자신도 모르게 '남자다움'에 대해 이야기하는 나의 배우자에게 이 그림책을 권했고, 함께 읽어 보았다. 배우자는 레비의 아버지와 자신이 비슷하다고 말했다. 자신도 사실은 눈물이 많은 사람이라며 말이다. 나는 이러한 배우자의 말에 그동안 잊고 있었던 한 사람으로서의 배우자의 성향을 다시 돌이켜 생각해 보게 되었다. 6년이라는 연애 기간을 가졌던 우리에게는 수많은 추억이 있는데, 그중 그가 눈물을 흘렸던 순간들도 꽤 많았다. 영화를 보며 눈물을 흘리던 모습, 카페에서 한 아버지가 자녀들과 함께 이야기하며 행복해하는 모습을 보며 눈물을 흘리던 모습. 그리고 자신이 열망하던 꿈을 이루기 위해 제주도로 가기로 결심하며 서울에 있는 나에게 멈출 수 없는 눈물을 보이며 우리의 미래를 다짐했던 그 순간들이 빠르게 내 머릿속에 그려졌다. 자신의 감정을 나보다도 더 솔직하게 잘 드러냈던 나의 배우자와 그림책 속 레비의 아버지는 내가 생각해도 닮아 보였다.

 서로 닮은 나의 배우자와 레비 아버지의 말에는 한 가지 공통점이 있다. 바로 성 역할에 대한 고정관념을 형성시킬 수 있는 표현을 사용했다는 것이다. 사실 "남자는 울면 안 돼"와 같은 표현은 요즘에는 잘 쓰이지 않는 옛스러운 고정관념이라고 생각되면서도 한편으론 그렇게 해야만 할 것 같은 분위기는 여전히 지속되고 있는 것 같다. 그러나 이제 막 자신과 세상을 알아 가기 시작한 나의 아이에게 남자이기 때문에 눈물을 참아야 한다고 알려 주고 싶지는 않다. 울고 싶을 땐 마음껏 울어도 괜찮은 것이고, 눈물을 흘리며 우는 것도 웃는 것만큼이나 중요하고 자연스러운 표현 중 하나라는 것을 알려 주는 부모가 되고 싶다. 또한 그림책 속에서 레비가 보았던 수많은 우는 남자들은 각자 다른 이유로 눈물을 흘리고 있었는데, 이처럼 자신의 감정이 어떠한 것인지 이해하고 감정을 표출하는 것도 중요하다고 생각한다. 더군다나 요즘의 아이들은 이른 시기에 접한 미디어의 영향으로 인해 자신의 감정을 정확하게 언어로 표현하는 것에 어려움을 겪는다고 하니 말이다.

　　나아가 자라나는 아이들뿐만 아니라 남녀노소 할 것 없이 모든 이들이 마음껏 웃기도, 울기도 하며 자연스럽고 자유롭게 감정을 표현할 줄 아는 삶을 살아가기를 바란다.

2장

그림책 속

디지털 세상

관계

SNS 친구, 그리고 진짜 친구

신미성

《4998 친구》
데이비드 칼리 글, 고치미 그림, 나선희 옮김, 책빛, 2019.

사랑스러운 나의 아이가 태어난 후 처음으로 인스타그램을 시작했다. 아이의 예쁘고 소중한 순간들을 스마트폰 속에 매일 담다 보니 어느새 감당하기 어려울 정도로 사진이 많아졌다. 수많은 사진 중 더욱 소중한 순간들을 선정해 기록하기 위해 인스타그램이라는 SNS를 선택했다. 아이의 계정을 새롭게 만들고 사진을 올림과 동시에 새로운 인간관계가 맺어지기 시작했다. 나에게 먼저 친구 신청을 해 준 사람들은 대부분 같은 시기의 아이가 있는 부모들이었고 그 외에는 육아용품을 판매하는 사람들이었다.

인스타그램 계정 상단에는 팔로워와 팔로잉 수가 크게 표기되어 있다. 나와 친구를 맺은 사람 중 많은 이들의 팔로워, 팔로잉 수는 상상 이상이었다. 특히 실제 자녀의 일상 기록과 육아용품 판매를 병행하는 사람들의 팔로워 수는 수만 명에 이르기까지 했다. 이러한 인스타그램의 세계를 알아 갈수록 이상한 심리가 생겨났다. 팔로워 수가 늘어날수록 더 많은 팔로워를 맺고 싶어진 것이다. 수많은 팔로워를 거느린 인플루언서들처럼 올리는 사진마다 해시태그를 열심히 달았고, 그 결과 일주일 만에 200명이 넘는 소위 '인친'이 생겨났다.

하루하루 '인친'을 늘리는 것은 어렵지 않았다. 그러나 그 수가 늘어날수록 그들과 진정한 소통을 하는 것은 불가능한 일이라는 생각이 들었다. 인스타그램에서는 친구를 요청할 때 거의 모든 이들이 '소통하며 지내요', '찐소통 해요', '친구해요'라는 말을 사용한다. 그러나 현실은 서로 쌍방적인 관계가 되어 내가 그들의 게시물에 댓글을 달면 그들도 나의 게시물에 댓글을 달아 주는 방식으로 교류가 이루어졌다. 나는 이들과의 관계가 매우 형식적이고 보여 주기식이라는 것이 느껴지면서 어느 순간 회의감이 들기 시작했다. 과연 이곳에서 진정한 의미의 '소통'과 '친구'는 존재하는 것일지 의문이 들었다. 나는 다시 한번 인스타그램을 시작했던 첫 계기를 돌이켜 보았고, 본래의 목적을 잃지 않으며 진정한 소통을 위한 공간이 될 수 있도록 여전히 노력 중이다.

《4998 친구》는 간결한 글과 그림으로 SNS 속 수많은 친구의 '수'를 강조하면서 진정한 친구에 대한 이야기를 담고 있다. 《4998 친구》의 주인공 소년은 무려 4,998명의 SNS 친구가 있다. 그러나 소년은 그중에 3,878명은 실제로 만난 적이 없으며, 661명과는 친구가 어떻게 되었는지 기억조차 하지 못한다. 계속해서 소년은 서로의 생일을 아는 친구, 메시지를 주고받는 친구, 어려울 때 도움을 주고받는 친구의 수를 세어 보며 SNS상의 허울뿐인 친구의 수를 제한다. 결국 실체가 있는 만남을 가진 진짜 친구는 단 한 명만이 남는다. 두 소년은 밝은 표정으로 서로를 반기며 만났고, 맛있는 음식도 나누어 먹으며 시간을 보낸다. 그러나 이내 곧 두 소년은 나란히 앉아 스마트폰을 함께한다. 그리고 가장 환한 웃음을 지어 보이며 이야기는 끝이 난다. 작가는 글 텍스트에서 직접적으로 언급하지는 않았으나 친구와 실제로 만나서도 함께 스마트폰을 하는 마지막 그림을 통해 또 한 번 우리의 안타까운 현실을 보여 주는 듯하다. 이 책의 글 작가인 다비드 칼리는 현대사회의 특징을 그림책 속에 위트 있게 잘 녹여 내기로 유명하다. 《4998 친구》에서도 역시 현대인들의 SNS 사용과 관련해 상징적인 의미와 숨겨진 메시지를 통해 독자들에게 중요한 생각거리를 던져 주고 있다.

　이 책을 읽고 난 후 《4998 친구》의 유난히 작은 판형이 눈에 들어왔다. 손바닥 크기의 작은 책 속에는 무수히 많은 사람들이 빼빽하게 그려져 있다. 이는 실제로 우리가 스마트폰 속에서 관계 맺고 있는 수많은 사람들을 연상시킨다. 그리고 문득 내 스마트폰 속에 나를 둘러싼 사람들은 얼마나 되는지 궁금해졌다. 내 스마트폰 속에는 597명의 번호가 저장되어 있었다. 또한 가장 자주 사용하는 SNS에는 번호는 없으나 계정으로만 친구를 맺고 있는 사람들도 수십 명이 있었다. 그리고 이번에 새롭게 시작한 인스타그램에서는 약 300명 정도의 새로운 사람들과 친구를 맺었다. 이렇게 직접 확인을 해 보니 예상했던 것보다 정말 어마어마한 수의 사람들이 나의 스마트폰 속에 존재하고 있었다. 그러나 내가 실제로 자주 연락을 하거나 긴밀한 얘기를 공유할 수 있는 사람의 수는 매우 적다. 더욱이 나에게 진정한 친구가 몇 명이냐고 묻는다면 그 수는 손에 꼽을 정도로 적다. 이처럼 SNS는 가상공간 속에서 매우 광범위한 인간관계를 쉽고 빠르게 형성할 수 있다는 장점과 그 관계를 유지하는 것은 어렵다는 단점을 갖는다.

    코로나19가 지속되고 있는 지금 SNS 이용률은 계속해서 증가하고 있다. 한국리서치 〈여론 속의 여론〉(2020.12)의 조사에 의하면 사람들은 SNS의 이용에서 일상생활의 불편과 개인 정보 노출과 같은 부정적 기능을 인정했다. 그럼에도 현대사회를 살아가는 데 SNS 활동이 필요하다는 의견에 많은 공감대를 형성하고 있었다. 사회적 거리 두기로 인해 실제 만남과 모임이 줄어들면서 외로움과 우울감도 함께 찾아오고 있다. 이러한 문제에 맞서기 위해 누군가는 SNS를 통해 자주 만나지 못한 친구들과 안부 인사를 주고받기도 할 것이다. 그리고 또 누군가는 집 안에서 보내는 시간이 늘어나 특별한 이유 없이 SNS를 시작하는 경우도 있을 것이다. 이처럼 일상의 모든 영역뿐만 아니라 우리 삶의 인간관계에도 어느새 언택트^{Untact}가 찾아왔다.

    "SNS는 인생의 낭비다. 인생에는 더 많은 것들을 할 수 있다. 차라리 독서를 하길 바란다." 이 말은 영국 프로 축구팀 감독 퍼거슨이 한 말이다. 이 유명한 명언은 현재까지도 SNS의 무익함을 강조할 때 자주 회자되어 사용되고 있다. 그러나 퍼거슨의 말처럼 SNS가 인생의 낭비가 될 수도 있겠지만 개인이 어떻게 활용하는가에 따라 달라질 수 있을 것이다. SNS가 처음부터 일그러진 공간이었던 것은 아니기 때문이다. SNS는 관심 분야의 사람들을 연결해 주고 고립된 이들을 세상과 연결시켜 주었다. 며칠 전 기사에서는 SNS에서 이루어진 결집력이 실제 봉사 활동으로 이어진 2030세대의 활약이 소개되기도 했다. 이처럼 SNS의 순기능은 선한 영향력을 행사한다. 또한 특별한 사례이기는 하지만 실화를 바탕으로 한 영화 《서치》에서와 같이 SNS는 실종된 사람을 찾을 수 있는 매우 중요한 단서가 되어 줄 수도 있다. 무엇보다도 우리가 SNS를 잘 활용할 수 있는 사람이 되기 위해서는 오프라인상에서의 인간관계를 잘 꾸리고 건강한 자존감을 가진 사람이어야 할 것이다.

075

친구가 너무 미운 날

정수미

《미움》 조원희 그림책, 만만한책방, 2020.

친구랑 언제 처음으로 다퉜을까? 아마도 유치원을 다녔던 시기인 것 같다. 유치원을 다녔을 때를 돌아보면 사실 친구랑 어제도 오늘도 매일 조금씩 다투면서 지냈다. "나 먼저 빌려주기로 했는데 저 친구 먼저 물건을 빌려줘서."와 같은 나름 심각했지만 단순한 이유였다. 하지만 먼저 "미안해."라고 말을 하면서 쉽게 풀어지곤 했다. 하지만 그 당시에는 친구가 싫다고 얘기하면 어떻게 해결해야 할 줄 몰랐다.

《미움》에서 주인공은 "너 같은 거 꼴도 보기 싫어!"라는 말을 친구에게 듣는다. 그 말을 들은 주인공은 똑같이 친구를 미워하기로 한다. 하지만 친구가 "꼴도 보기 싫어!"라고 말한 게 생선 가시가 목에 남는 것처럼 느껴지고, 숙제할 때 머릿속에서도 둥둥 떠다닌다. 하지만 여기서 끝이 아니다. 배드민턴을 칠 때도 친구가 셔틀콕의 모양처럼 보이고, 목욕할 때는 오리 장난감처럼 보이고, 침대의 토끼 인형의 얼굴에서도 나타난다. 이렇게 친구에게 상처받은 말이 종일 주인공을 따라다니면서 마음을 불편하게 만든다.

"누군가를 미워하는 건 이상해. 싫은 사람을 자꾸 떠올리면서 괴로워해."

나는 상처받은 상황을 계속 반복해서 생각하는 성향이 있다. "그때 이렇게 말하지 말고 다르게 말해 볼걸, 그때에는 이 말을 했어야 했는데."라고 계속해서 반복해서 생각하며 자책한다. 이미 다 끝난 상황에 다시 생각하면 무슨 소용이 있나 싶지만 이런 생각들은 꼬리에 꼬리를 물고 끝나지 않는다. 이런 나의 모습을 보고 더 자책했다. 하지만 그림책 속 이 장면을 보면서 나만 그런 게 아니라는 게 느껴져 조금이나마 위로가 되었다. 지우개로 지워도 남는 진한 연필 자국처럼 생각하기 싫어도 나를 상처 입힌 말이 반복해서 생각나는 건 누구나 비슷하다. 이렇게 친구와 갈등이 생겼을 때 감정은 그 상황이 끝나도 계속해서 나에게 남는다.

"드디어 내 마음이 미움으로 가득 찼어. 그런데 이상해. 하나도 시원하지가 않아."

친구에 대한 미움은 시간이 지나면 사라지는 게 아니라 점점 커져만 간다. 《미움》의 주인공은 꿈속에서도 미워하는 마음은 점점 자라나는데 마음이 미움으로 온통 가득해졌을 때 화가 나거나 시원하지 않다. 시간이 흐르고 어른이 되면 친구들을 미워하지 않게 될까? 사실은 그렇지 않았던 것 같다. 친구가 상처를 주지 않아도 나는 친구에게 미운 감정을 가지게 되기도 한다. 이런 미움이란 감정이 점점 커지면 내가 정말 미워하는 건지, 미움의 감정이 나를 잡아먹은 게 아닌지 헷갈리는 때가 오기도 한다. 나의 미움은 정말 끝이 있을까?

친구 사이의 미움들뿐만 아니라 우리는 사회에 만연한 미움과도 함께 살아가고 있다. "혐오"는 싫어하고 미워함이라는 뜻을 지녔다. 우리 사회에는 최근 혐오의 감정으로 인한 여러 사회적인 사건들도 일어나고 있다. 님비현상부터 시작해 아이들이 식당이나 카페에 들어오지 못하게 하는 이른바 "노키즈존" 문제에서부터 인터넷상에서의 여러 가지 형태의 혐오 문제들이 일어나고 있다. 이러한 혐오 감정으로 인한 사건들을 우리 사회는 시간이 지나면 서로 해결되겠거니 하며 두 손 놓고 방관하는 편이다. 하지만 잘못된 건 잘못되었다고 이야기하는 것이 필요하다. 그리고 서로가 같이 공존하기 위해서는 서로의 상황을 설명하고 이해한 뒤, 같이 해결해 나갈 방법을 찾는 것이 필요하다. 그럼, 우리들 사이에 미움은 언제 사라지게 될까? 사라지기는 할까?

"언젠가 팔에 부스럼이 난 적이 있어.
자꾸 긁어서 점점 번졌을 때
내 손을 가만히 잡으며 엄마가 말했어.
신경 쓰여도 만지지 마. 그래야 낫는다.
정말 그랬어.
미워하는 것도 그런 걸까?
가만히 기다리면 미움도 사라질까?"

《미움》에서 주인공은 아직 친구를 미워하지만, 주인공의 친구는 "너를 미워하지 않기로 했어."라고 말한다. 주인공의 얼굴이 그려진 족쇄가 친구의 발에 달린 모습으로 이야기는 끝난다. 이처럼 서로 찜찜한 마음은 남겨 두었지만 정작 제대로 된 사과는 하지 않는다. 미움이 있으면 서로 해결하기보다는 회피하려는 모습이 보여 아쉬움이 남았다. "서로를 아직 생각하는 마음이 남아 있을 때 딱 '미안해' 한마디만 해! 그럼, 지금의 마음보다 더 나을 텐데!"라고 독자로서 책 밖에서 외쳐 본다. 하지만 나라도 친구에게 먼저 사과하기가 민망하고, 미안한 마음에 먼저 이야기를 꺼내지 못할 것이다. 아마 속으로 끙끙 문제를 계속 가지고 있을 것이다. 그리고 아마 나뿐만이 아니라 세상 사람들 대부분이 자신의 미운 감정을 해결하지 않고 살아가니까 작가가 이렇게 결말을 구성하지 않았을까 생각했다. 그러면서 나는 얼마나 사람들과 나 사이의 미움을 해결하려는 사람이었는지 반성했다. 살다 보면 나도 모르는 미움들을 마주하면서 산다. 이렇게 책을 보면서 "나와 타인 사이에는 오해가 있을 수 있고, 미운 감정이 나를 잡아먹기 전에 내가 먼저 사과해야지."라고 다짐하지만 나도 인간인지라 매번 실수도 하고, 나에게 잘못한 사람들에게 용서하지 않으리라 외칠 때도 있다. 그렇지만 우리는 인간이니까 실수를 할 수밖에 없는 존재들이고 다음에 더 나은 사람이 되기 위해 살아간다. 그래서 남의 실수를 눈감아 주거나, 바로 화내지 않고 관용을 베풀어 살아가자고 매번 다짐해야 한다.

관계

숨바꼭질에 술래가 사라진다면

김효정

학창 시절 뉴스에서 직장 내 따돌림에 관한 이야기를 보고 놀랐던 기억이 있다. 학생들 사이에서만 존재하는 줄 알았던 왕따가 성인들이 모인 직장에서도 나타난다는 게 당시의 나에게는 충격으로 다가왔다. 어렸을 땐 어른이 되면 관계에서도 성숙하게 대처할 수 있으리라 생각했다. 하지만 나이가 들수록 오히려 좋고 싫음이 확실해지고, 타인의 존재를 있는 그대로 받아들이기가 더 어려워지는 것 같다. 따돌림은 작은 학교를 벗어나서도, 어리지 않아도, 사람이 여럿 모이다 보면 만들어지곤 한다. 학교나 직장, 군대처럼 특정한 장소에서 발생하는 따돌림은 특히나 피해자가 집단에서 떠나지도 섞이지도 못한다는 점에서 사회의 심각한 문제가 된다.

인터넷 기사들만 봐도 학교 폭력으로 인해 스트레스를 받아 극단적인 선택을 하는 학생들이 증가하고 있다는 걸 알 수 있다.

2020년에는 코로나19로 학교에 나가지 않자 사이버 폭력의 비율이 늘어나기도 했다. 《내 탓이 아니야》의 원작은 1973년에 출간되었다. 한국에서는 2007년에 출간된 이후 2018년에 개정판으로 새롭게 선보였다. 하지만 50여 년이 지난 지금까지도 왕따는 사라지지 않는다. 표지부터 계속 같은 모습으로 등장하는 14명의 아이는 모두 하나같이 무표정을 짓고 있다. 일자로 굳은 입매는 자기합리화가 지닌 견고함을 보여 준다. 반면 피해당한 아이는 두 눈을 가린 채 눈물을 흘리고 있다. 단단한 껍질을 두른 것만 같은 다른 아이들과는 다르게 이 아이는 무방비하게 자신의 연약한 속살을 노출하고 있다.

"나는 진짜 몰라. 그 일이 어떻게 시작되었는지 정말 모르겠어."
"난 겁이 났어. 말릴 용기도 없었고. 그래서 그냥 보고만 있었어."
"그 앤 이상해. 정말 짜증 나는 아이야. 다 그 애 탓이야."

피해 아이는 이야기가 끝날 때까지 한마디도 하지 않는다. 굳게 다문 입매를 가진 가해자들은 끊임없이 변명하고 있고, 눈물로 자신의 감정을 여과 없이 드러내는 아이는 오히려 침묵을 유지하고 있다. 이렇게 아이들이 보여 주는 말과 표정의 모순은 타인에게 가하는 위해가 그 이유가 무엇이든 얼마나 부조리한지를 보여 준다.

나는 친구를 가려서 사귀는 유형은 아니다. 그래서 나에게 다가오는 친구를 막지도 않고 떠나는 친구를 잡지도 않는다. 초등학생 때 반에 겉도는 친구가 있었는데, 늘 친구들 사이에서 어딘가 헐겁게 배제당하는 느낌이었다. 그 친구가 오면 아이들이 은

근히 자리를 피했다. 당시에 그 친구와 나는 출석번호가 붙어 있어서 수업 시간에 함께 활동할 기회가 많았다. 처음에는 어떤 아이이길래 친구들이 좋아하지 않을까 궁금했는데, 막상 함께하다 보니 그 이유를 찾기도 전에 자연스레 친해지게 되었다. 학교가 끝나고 종종 같이 놀 만큼 가까워지고 나니, 그 친구가 반 아이들 사이에서 대화에 잘 참여하지 못하는 모습들이 안타깝게 다가왔다. 함께 지낸 결과, 그 친구는 노래를 굉장히 잘한다는 것을 알게 되었다. 화음을 넣어 둘이서 노래를 불러야 했던 음악 수행평가에서 음치인 나에게 많은 도움을 주었고, 더 쉬운 파트를 나에게 양보하기도 했다. 의외의 재능을 보고 나니 그 친구가 멋있다는 생각이 들었다.

며칠 전 크리스마스에 《루돌프 사슴 코》를 듣다가 문득 우리는 친구에게도 어떠한 능력을 요구한다는 생각이 들었다. 루돌프는 따돌림을 받는 외톨이였지만, 자신의 밝은 코 덕분에 썰매를 끈 이후로 다른 사슴들이 사랑해 주었다. 능력에 대한 인정이 따돌림을 없앤 것이다. 하지만 이러한 가사가 현실에 적용되기는 쉽지 않은 것 같다. 친구들에게 겉돌던 친구의 칭찬을 해 봐도 다들 심드렁하게 듣고 넘겼다. 따돌림이라는 것이 제자리에서 꿈쩍하지 않는 커다란 바위처럼 느껴졌다. 너무나 큰 관성을 지녀서 바위를 옮기기 위해서는 그것보다 훨씬 무겁고 큰 힘이 필요해 보였다.

《내 탓이 아니야》의 또 다른 제목은 '책임에 대하여'다. 작가는 학교 교장 선생님으로, 아이들에게 올바른 가치관을 알려 주는 데에 도움을 주고 싶어서 이 그림책을 만들게 되었다고 한다. 그래서인지 이 책은 학교의 왕따 문제에서 시작해 세계의 환경,

전쟁, 인권 문제에 이르기까지 그것들이 나와 어떤 연관성이 있는지를 묻고 있다. 내 탓이 아니라며 회피하고 숨기고 모르는 척하는 아이들의 모습은 결국 우리 사회의 모습과 겹쳐 보인다. 아마 출석번호가 붙어 있지 않았더라면 나도 소외되어 있던 친구에게 계속해서 무관심했을 것이다. 집단에서 소외를 경험하게 되면 개인은 더 위축되고 혼자서 숨어 지내게 된다. 우리는 이 사회에 수많은 숨은 자들이 있다는 것에 주목해야 한다.

명절에 사촌들과 모이면 나는 나이 차가 꽤 나는 막내였다. 어린 나의 넘치는 에너지를 언니 오빠들이 감당하기 힘들어했던 기억이 난다. 하루는 나와 놀아 주기 지쳤던 사촌 언니가 숨바꼭질을 하자고 했다. 나는 집 안에 꼭꼭 숨었고, 언니는 찾는 척을 하다가 어느 순간 나를 더는 찾지 않았다. 게임에 열심히 참여하고자 했던 나에게는 정말 힘이 빠지는 슬픈 경험이었다. 우리가 어릴 때 즐겨 하는 숨바꼭질은 숨은 자가 게임의 판도를 쥐고 있는 것처럼 보이지만, 술래가 찾지 않으면 오히려 숨은 자가 지게 된다. 게임의 규칙이 소용없어지기 때문이다. 숨은 자들을 찾아내는 것은 술래의 역할이다. 숨은 자들을 찾아내고 그들의 존재 가치를 인정해 줄 수 있는 술래는 바로 우리들이라는 생각이 든다. 우리는 늘 숨은 자들이 내는 미약한 소리에 귀를 기울여야 한다.

인간은 합리적인 동물이 아닌 합리화하는 동물이라는 말처럼 우리는 언제든 우리의 행동을 정당화하기 위해 이유를 생각해 낼 수 있는 존재다. 하지만 그 변명 속에서는 '나'라는 존재가 사라지게 된다. 내가 어떤 사람이고, 또 어떤 행동을 취할 수 있는지는 중요하지 않아진다. 그저 그 상황에서는 누구나 어쩔 수 없었다는 핑계가 만들어지기 때문이다. 그 상황에서 잠깐 살아남기 위해서 우리는 자신을 스스로 무력한 사람으로 빠르게 정립해 버린다.

결국 14명의 아이가 하는 말들은 우리 모두의 변명을 대변한다. 우리는 언제든 왕따 가해자가 될 수 있다. 타인에 대해 긍정적인 감정만 가질 수는 없기 때문이다. 그렇기에 부정적인 감정이 행동으로 표출되지 않도록 주시할 필요가 있다. 우리는 그렇게 균형감을 찾아 나갈 수 있을 것이다. 따돌림이 관성의 지배를 받는다면, 그것을 계속해서 옮기고 변화시키는 것이 바로 우리의 일이라는 생각이 든다. 우리에게 그 관성을 넘어서는 더 큰 힘이 있다면 그것은 바로 관심이 아닐까 싶다.

대중매체 디지털 세상 과학기술

084

오늘부터 어둠을 금지한다

박락원

《어둠을 금지한 임금님》 에밀리 하웨스부스 글·그림, 장미란 옮김, 책읽는곰, 2020.

대학교를 졸업하고 2년이 지난 어느 날, 우연히 길에서 대학교 동기를 만났다. 너무 반가워 사람들이 지나다니는데도 아랑곳하지 않고 이야기를 한참 나누었다. 그런데 친구가 갑자기 "졸업하고 왜 대학교 친구들이랑 한 번도 안 만났니? 동기들 사이에서 너 성형수술해서 안 나타난다고 소문났어."라고 말했다. 친구가 던진 어이없는 말에 나는 무척 당황스러웠다. 졸업 후, 공무원 시험 준비로 고시촌에 들어가게 되면서 동기들을 만나기 힘들어진 것뿐이었다. 나의 외모가 달라졌던 이유도 단지 시험공부에 지쳐 살이 많이 빠졌기 때문이었다. 그런데 몇몇 대학교 동기들은 내 카톡 프로필 사진만 보고 당사자에게 묻지도 않은 채 소문을 냈던 것이다.

 역사 속에서 소문은 사람들의 흥미와 본능을 자극하는 것에서 끝나지 않고 비극을 낳는 가짜 뉴스로 확산된 모습을 볼 수 있다. 마녀사냥, 관동대지진 조선인 학살사건, 5·18 광주 민주화운동 등에서 볼 수 있듯이 권력자들은 가짜 뉴스를 이용해 자신들이 원하는 방향으로 사람들의 마음을 움직였다.

《어둠을 금지한 임금님》에서도 국민의 눈을 가리고 자신들의 뜻을 이루고자 대중매체를 교묘히 이용하는 임금과 관료들이 등장한다. 아주 어렸을 때부터 어둠을 굉장히 무서워하는 왕자가 있었다. 그는 임금이 되자마자 신하들에게 어둠을 금지하겠다고 말한다. 신하들은 머리를 맞대고 백성들 스스로 어둠을 싫어하게 만드는 방법을 모의한다.

신하들은 먼저 백성들에게 어둠이 무섭다고 소문을 내기 시작한다. 또, 어둠은 지루한 것이며 깜깜해서 놀 수 없다고 확성기로 선전한다. 심지어 어둠이 돈, 장난감, 간식을 훔쳐 가기도 한다며 신문 기사를 작성해 배포한다. 처음에 국민들은 어둠에 대해 별다른 생각이 없었지만 서서히 세뇌를 당하며 어둠을 몹시 나쁜 것으로 느끼게 된다. 임금과 신하가 바라던 대로 국민들은 스스로 피켓을 들고나와 어둠을 금지해 달라고 시위한다. 권력자들은 흔쾌히 궁전보다 3배 이상은 큰 거대한 인공 태양을 만들고 마치 자비로운 위정자인 것처럼 행동한다. 그리고 임금은 자신이 설계한 대로 국민들 앞에서 선포한다.

"지금부터 이 나라에서 어둠을 완전히 몰아내겠다!"

정부는 어둠을 없애는 정책을 유지하기 위해 학교에서 '어둠은 왜 나쁜가'라며 사상교육을 하게 된다. 이 장면을 살펴보면 국가 선전의 섬뜩한 효과가 잘 표현되고 있다. 대부분 아이가 하품하거나 엎드려 잠에 빠져 있고 교실의 식물들도 쉬지 못해 말라

비틀어져 버렸다. 그런데 그중 두 아이의 모습이 눈길을 끈다. 한 아이는 졸지 않고 꺼지지 않는 자신의 조명 모자를 계속 바라보고 있다. 또 다른 아이는 졸리면서도 해가 그려진 책을 손에 꼭 붙들고 있다. 대체로 아이들은 본능적으로 졸음을 이기지 못하지만, 그중에서도 사상교육이 투철하게 잘된 아이들은 본능을 넘어 자신의 사상을 어떻게든 지키려 하는 모습을 살펴볼 수 있다.

어둠이 사라지면 행복하리라 생각했던 사람들은 시간이 갈수록 어둠을 잃는다는 것이 어떤 의미인지 깨닫게 된다. 얼마 전까지 어둠을 없애 달라며 시위했던 사람들은 똑같은 자리에서 어둠을 되찾기 위해 플래카드를 든다. 신하들은 백성의 관심을 딴 데로 돌리려 불꽃 대축제를 벌이지만 하늘이 너무 환해서 아무것도 볼 수 없다. 여기서 작가는 그림책 속 등장인물들이 겪는 불편을 독자들에게도 느끼게 하고 싶은 의도를 배경으로 드러낸다. 배경을 연한 노란색으로 칠하면서 실제로 독자는 그림책을 펼치면 눈이 부셔 피로함을 느끼게 된다.

결국 사람들은 인공 태양과 조명을 끄고 어둠을 되찾는다. 투쟁의 승리를 축하하듯 어둠 속에서 불꽃 축제를 벌이자 지금까지 보지 못했던 형형색색의 불꽃이 밤하늘을 화려하게 수놓는다. 임금과 신하들도 궁전에서 내려와 사람들과 똑같은 위치에서 아름다운 불꽃을 감상한다. 임금은 잘못을 깨닫고 누구도 벌하지 않을 것이며 앞으로 어둠을 금지하지 않겠다고 선언한다.

임금과 신하들이 퍼뜨렸던 헛소문처럼 현대사회에서도 가짜 뉴스는 걷잡을 수 없도록 팽배해졌다. 연세대 바른 ICT 연구소에서 조사한 결과 가짜 뉴스를 경험한 사람은 60%나 넘는다. 가짜 뉴스 출처는 유튜브를 비롯한 온라인 동영상 사이트가 20.9%로 가장 많았는데 아이러니하게도 사람들이 불신하는 뉴스 매체에는 유튜브 등 온라인 동영상 사이트가 가장 낮은 순위를 차지했다. 즉 생각보다 많은 사람이 유튜브를 신뢰하고 있으며 유튜브가 가짜 뉴스의 온상임을 보여 주는 통계라 볼 수 있다.

주요 언론사나 청와대 국민청원 게시판에 코로나19, 대선 등 다양한 주제의 가짜 뉴스가 도배되는 것이 일상적인 일이 되었다. 《어둠을 금지한 임금님》에서 어둠이 사라지고 인공 태양에 피로해진 사람들처럼 현대사회의 사람들도 가짜 뉴스들로 인한 피로감에 시달리고 있다. 우려가 되는 것은 이러한 피로감으로 인해 나라에 대한 신뢰가 떨어지고 더 나아가 아예 무관심해지는 것이다.

에밀리 하워스부스는 일러스트레이터이자 그래픽 노블 작가다. 그래픽 노블 《세상을 바꾸는 하나의 목소리》에 작가가 밝힌 철학에서 그 우려에 대한 해답을 찾을 수 있다.

> "진짜 영웅은 함께 모여서 행동한 모든 사람이에요. 역사 속으로 들어가 세상을 바꾼 것은 그들의 이름이 아니라 행동이지요. 이 행동 하나하나가 소중한 여러 권리를 향한 오랜 싸움에서 돌파구를 마련하고 (중략) 여러 나라에 해방을 가져왔어요."

세상을 바꾸고 나라를 지키는 것은 정치인이나 언론이 아니다. 시장에서 태극기를 들고 만세를 외치던 사람들, IMF 외환위기 당시 금을 내놓았던 사람들처럼 나라가 휘청거리는 위기마다 함께 모여 행동한 수많은 사람이다. 가짜 뉴스로 자신들의 욕망을 위해 판을 짜는 권력자들의 위협 속에서 깨어 있는 수많은 영웅이 더욱 필요한 시대인 것 같다.

(대중매체) (디지털 세상) (과학기술)

길을 잃을 자유

김효정

《브레멘 음악대 따라하기》 요르크 슈타이너 글, 요르크 뮐러 그림, 김라합 옮김, 비룡소, 2007.

초등학교에 입학하고 나서 처음으로 혼자서 하교를 하던 날이었다. 빽빽하게 늘어선 아파트 사이에서 우리 집이 보이지 않았다. 다들 너무 비슷하게 생겼고 나의 작은 키로는 아파트에 적힌 숫자를 보기가 힘들었던 것 같다. 어떻게든 혼자 집을 찾아가려 애를 썼지만 집 주소를 아는 것만으로는 집을 찾지 못했다. 결국 다른 동에 계신 경비 아저씨의 도움을 받아 집을 찾을 수 있었다. 초등학생인 내가 학교에서 집 가는 길을 기억하지 못했다는 게 너무 부끄러워서 내가 지나쳐야 하는 아파트의 개수와 골목길을 외워 뒀던 기억이 난다.

대학생이 되고 나서는 과외를 시작하게 되었다. 과외 학생의 집은 대단지 아파트 속에 위치했다. 스마트폰에 지도 앱이 있음에도 한참 길을 헤맸다. 아파트단지 어딘가에 있는 작은 출입문은 지도 속에 나와 있지 않았다. 결국 길을 빙빙 돌다가 과외를 하는 집에 도착했다. 여덟 살 때 집을 찾지 못한 건 그저 나의 탓이라 생각했다. 하지만 성인이 된 후에도 길을 헤매는 나를 보니 어쩌면 똑같은 아파트들이 줄지어 있는 단지가, 이 시대가 누구에게나 길을 헤매게 하는 게 아닌가 싶었다.

요르크 슈타이너와 요르크 뮐러는 콤비를 이루며 여러 작품을 함께했다. 그들은 자신들을 사회 변화의 목격자라고 여기며 현대사회와 개인이라는 묵직한 주제들을 그림책에 담아냈다. 《브레멘 음악대 따라하기》는 제목에서 알 수 있듯이 그림 형제의 《브레멘 음악대》를 패러디해 나온 책이다. 원작이 나온 지 170년이 지나서 나온 만큼 그림책의 배경은 농장에서 어느덧 도심 속의 미디어사회로 바뀌었다. 사실 원작에서 브레멘 음악대는 브레멘에 가지 못하지만, 오히려 이를 통해 행복이 결과가 아닌 여정 속에 있다는 것을 보여 준다. 요르크 슈타이너의 음악대도 디즈니랜드에 가지 못한다. 하지만 《브레멘 음악대》와는 다르게 해피엔딩이라고 말하기가 망설여진다. 동물들이 초반에 했던 이야기들과는 사뭇 다른 엔딩을 보여 주고 있기 때문이다. 자유를 찾아 떠난 이들이 정말 자유로운 선택을 한 건지 의문이 남는다.

방송국을 장악하려던 동물들은 오히려 방송국 국장에게 넘어가 전보다 더 큰 수익을 내는 광고 모델이 된다. 방송국 국장은 TV 속에서는 우리가 뭐든지 할 수 있다고 말하지만, 화면 속으로 들어간 세 친구는 자기들이 말한 진정한 자유를 이뤘다고 보기 힘들다. 책만 백날 읽어 봐야 소용없다며 직접 자신의 꿈을 찾아 나서던 부엉이는 결국 방송국 국장이 원하는 프로그램을 찍게 된다. 집 주소를 알면서도 길을 헤매는 나와 디즈니랜드에 가고자 했음에도 방송국에 안주하는 이들은 어딘가 닮아 보인다. 자신이 무엇을 하고 싶고, 또 어디를 가고 싶은지를 결정하는 것은 방송국에 들어간 동물들에게 어느새 어려운 일이 되어 버렸다.

현대사회에서는 많은 사람이 길을 헤맨다. '타자의 욕망을 욕망한다'는 말처럼 가짜 욕망이 너무나도 많아서 정신을 차리기 힘들 때도 있다. 나의 간절했던 욕망을 잃어버리게 만들기 때문이다. 분실물 센터에 매일 물건이 쌓이지만 아무도 찾으러 오지는 않는 것처럼 우리는 많은 것을 분실하고, 또 분실한 줄도 모른 채 삶을 살아간다. 반면에 말을 할 줄 안다는 건 참 불행한 일이라고 하던 판다는 대중매체 속에서 빠져나와 자유를 찾아 떠난다. 비록 친구들이 나오는 TV 화면을 길거리에서 쓸쓸하게 바라보고 있지만, 판다는 다른 친구들과 달리 길을 잃을 자유를 가진다. 자신이 어디로 가고 싶은지를 생각하고 결정할 수 있기 때문이다. 다른 사람의 욕망을 고려할 필요가 없기 때문에 길을 헤매지 않아도 된다. 그저 자신의 길을 잃거나, 잃지 않거나 둘 중 하나다.

처음에 동물들이 저마다의 꿈을 이루기 위해 가려던 곳은 디즈니랜드다. 이곳은 사람들에게 자유와 즐거움이라는 환상을 보여 주기 위해 만들어진 현대사회의 놀이공원이다. 하지만 이를 알지 못하는 동물들은 디즈니랜드에 가면 어디에도 얽매이지 않고 자유로운 음악대가 될 수 있다고 생각한다. 우리 사회에서 미디어는 개인에게 강력한 영향력을 행사한다. 때로 대중매체는 우리의 꿈을 바꿀 수 있을 만큼의 욕망을 만들어 내곤 한다. 그것이 환상일지라도 말이다.

현대사회는 변하지 않으면 뒤처진다는 인식이 시대정신처럼 퍼져 있다. 타인의 시선을 많이 의식하는 한국에서는 남들이 부러워하는 길을 걷는 것이 곧 정답인 것처럼 여겨지기도 한다.

이런 분위기 속에서 타인의 욕망은 내 안에 자연스럽게 자리하게 된다. 특히 모두 같은 교실에서 공부하며 비슷한 인생을 살아가는 아이들의 경우에는 자신의 욕망이 무엇인지 한 번도 생각해보지 못하기도 한다. 동물들이 브레멘 음악대를 따라 한 것처럼, 우리가 사는 삶도 누군가를 따라 하는 과정이 될 수 있다. 물론 주체적이고 개성 있는 삶을 살아가는 사람들도 많지만, 그들도 타인의 영향에서 완전히 벗어날 수는 없을 것이다. 동물들은 누구에게도 얽매이지 않고 삶을 자기 뜻대로 살기 위해 길을 떠난다. 그들의 꿈은 애초에 해피엔딩이 되기 어려운 일처럼 들리기도 한다. 광고 모델로서 늘 누군가의 요구대로 살아온 이들은 거대한 미디어사회에서 길을 헤맬 수밖에 없기 때문이다. 만약 내가 판다였다면 누군가에게 휘둘리지 않고 나의 길을 계속해서 갈 수 있었을까? 그렇게 혼자 걸어가는 길은 과연 행복할까? 어느 순간 후회하게 될지도 모르지만, 적어도 타인의 욕망 속에서 길을 헤매지는 않고 싶다. 이 복잡한 세상에서 마음껏 길을 잃을 자유가 나에게 있기 때문이다.

대중매체 디지털 세상 과학기술

어떤 인생샷을 남기고 싶으세요?
김주아

《셀카가 뭐길래!》 임양미 그림책, 머스탱(키다리), 2017.

많은 사람들이 집중되어 살고 있는 도시에서 출퇴근 시간이면 인파에 싸이는 것은 현대인의 자연스러운 일상이다. 사람들이 많은 만큼 복잡하고 다양한 인간관계로 인해 스트레스가 높아지기도 한다. 이 때문에 은둔형 외톨이(히키코모리)도 많아져 또 다른 사회적 문제가 되기도 한다. 히키코모리는 일본에서 생겨난 용어로 '틀어박히다'라는 뜻을 나타내는 일본어 '히키코모루(ひきこもる)'의 명사형이다. 이는 사회생활에 적응하지 못하고 방이나 집 등 특정한 공간에 틀어박혀 사는 병적인 사람들을 지칭한다. 대부분은 인터넷이나 게임에 몰입하며 지낸다. 그러다 보니 일부는 현실과 가상 세계를 혼동해 폭력을 휘두르거나 스스로를 영웅처럼 여기며 자기만족을 꾀하기도 한다. 현대사회에서 나타나는 인간관계 단절의 전형적인 표본이라고 볼 수 있을 것이다.

기술의 발달은 아이러니하게 SNS와 같이 다른 사람들과 더 많은 연결을 도모하게도 하지만 동시에 자기만의 세계에 몰입할 수 있는 길도 만들어 주었다. 핸드폰에 카메라가 장착되면서 유행의 속도가 빨라진 '셀카'도 자기몰입적인 경향을 키우는 데 한몫을 한다. '셀카'는 'Self'와 'Camera'가 합쳐진 신조어로, 자신을 스스로 찍는 행위를 일컫는다. 영국 BBC는 1980년대 초반부터 2000년대 초반까지 출생한 세대인 밀레니얼 세대^{Millennials}가 평생 동안 찍는 셀카의 수가 총 2만 5,000장에 달할 것이라고 발표했다. 이 세대가 다른 세대와 비교해서 '자기과시' 성향이 많다는 것이다. 이러한 가장 자기중심적인 동시에 가장 개인주의적인 디지털 네이티브 세대를 사회학자들은 '미 세대$^{Me\ generation}$'라고 부른다. 이 세대의 전형적인 특징 중 하나가 SNS 중독과 셀카 유행이라고 한다. 미국의 교육심리학자인 미셸 보바는 디지털 문화 중독과 자기중심적인 현상을 일컬어 '셀카증후군'이라고 부른다. 셀카증후군은 자기 자신을 과도하게 포장하고 자신의 이익에만 관심을 가지며 다른 사람의 감정, 욕구, 관심사에는 신경 쓰지 않는 것을 말한다. 과도한 나르시시즘과 공감력 결핍이 셀카증후군의 가장 큰 특징인 것이다. 기술이 발달하고 사회가 발전하면서 '너 자신만 봐!'라는 소리가 점점 커지는 것 같다.

과거에는 셀카를 많이 찍었지만 결혼하고 아이를 출산한 이후부터는 아이 사진을 많이 찍는다는 지인의 말이 기억난다. 피사체가 '자기'였다가 '아이'로 옮겨 간 것이다. 사진을 찍는다는 것은 내가 소중하게 여기는 것을 기록하는 작업인지도 모르겠다. 이처럼 카메라의 피사체, 즉 나에게 소중한 존재가 '자기'에게서 '우리'로 변화된 주인공의 이야기를 담은 그림책이 있다.

《셀카가 뭐길래!》의 주인공은 월요일부터 금요일까지 일에 치여 사는 평범한 직장인이다. 휴일을 맞아 자신이 좋아하는 것에 집중하는데, 그것은 바로 '셀카'였다. 사람에게 치이고 일에 치이던 주인공은 혼자서 자신만의 완벽한 순간을 사진에 담고 싶었다. 그 목표에 방해가 되는 주변 사람들은 그저 거추장스러울 뿐이다. 주인공은 돌발 상황같이 통제할 수 없는 순간들을 다 편집해 버리고 싶은 마음이었던 것 같다. 그 모든 순간이 나의 삶인데 내가 계획하고 기획한 나만의 프레임 속에 나의 삶을 남기고 싶어 했다. 토요일이 되어 주인공이 '내 마음대로 할 거야.'라고 외치는 소리가 그 욕구를 드러내는 것 같다. '셀카'는 많은 심리학자나 사회학자, 교육학자들이 말하듯 과도한 자기몰입으로 이끈다. 그 자기몰입의 결과는 타인과의 소통 단절과 이기적인 삶의 태도다.

　도시 어디를 가든 혼자만의 셀카를 찍을 수가 없었던 주인공은 바다로, 산으로, 동굴로 여행을 떠났다. 하지만 모든 곳에 사람들이 가득했다. 드디어 혼자 있게 된 주인공은 환호성을 질렀지만 곧 위기에 처하게 된다. 그리고 많은 사람들의 도움으로 빠져나올 수 있었다. 이를 계기로 혼자만의 삶을 추구하던 주인공의 마음이 변하기 시작했다. 결정적으로 집에 돌아왔을 때 반겨 주는 가족들의 모습이 쐐기를 박지 않았을까 싶다. 주인공은 가족들이 귀찮아서 혼자 셀카를 찍기 위해, 혼자만의 삶을 즐기기 위해 여행을 떠났는데, 가족들은 그러한 주인공의 모습에 아랑곳하지 않고 변함없이 따뜻하게 반겨 주었다. 앞에서 부분적으로 사용되었던 색채가 가족들이 반겨 주는 장면에서는 다양하게 쓰였고 굉장히 환한 느낌을 준다. 그 밝은 느낌은 이전까지와 다른 이야기의 분위기로 반전시키는 전환점이 되었다. 주인공은 더 이상 혼자가 아니라 함께하는 순간을 셀카로 남기기 시작했다. 일상은 변하지 않았지만 흑백이었던 색상이 다채로운 색상이 되고, 앞에서 '월화수목금'이 점점 작아지던 글자 크기가 뒤에서는 반대로 커지면서 주인공의 삶이 풍성하고 기대되는 일상으로 변했음을 엿볼 수 있다.

주인공은 스스로 벽을 쌓았다. 내 마음대로 하면 편하지만 스스로를 고립시키고 외롭게 만든다. 얼마 전 여러 상황으로 지쳐 있는 나에게 누군가가 'You are not alone.'이라고 말했다. 그 말을 듣는데 마음이 따뜻한 것이 아니라 '나 혼잔데? 내가 혼자가 아닌가? 내가 혼자가 아닐까?'라는 의문이 스쳐 지나갔다. 현대사회를 살고 있는 나, 외동으로 자란 나는 내가 생각했던 것 이상으로 혼자의 삶에 익숙해졌는지도 모르겠다. '네가 하고 싶은 것 마음대로 하며 살아!', '더 누려! 즐겨!'와 같은 현대사회의 메시지, 그리고 혼자서 충분히 많은 걸 할 수 있게 해 주는 기술의 발달과 함께 나도 모르게 나만의 벽을 더 견고히 하고 있었는지도 모르겠다.

미국에 교환학생으로 간 적이 있다. 그 당시 나의 목표는 첫 번째가 미국인 친구들과 놀기, 두 번째가 여행이었다. 그런데 언어의 장벽이 있어서 첫 번째 목표를 이루기가 어려웠기에 혼자 여행을 많이 다녔다. 교환학생으로 같이 갔던 10명 남짓의 학우들과도 담을 쌓고 지냈다. 미국까지 와서 한국 친구들과 어울려 다니면 나의 첫 번째 목표를 이룰 수 없고 미국에 온 보람이 없다고 여겼기 때문이다. 그래서 많이 외로웠다. 물론 혼자 여행 다니면서 얻은 것도 많고, 그만큼 많이 돌아다니며 경험을 쌓은 것은 좋았지만, 지금도 그때의 셀카들을 찾아보면 문득 '외로움'이 기억난다. 그리고 잠시라도 함께했던 사진을 볼 때면 마음이 따뜻해진다. 목표를 이루기 위해 스스로를 고립시켰을 때 얼마나 외로운지 그때 많이 느꼈다. 다시 돌아간다면, 그 목표를 조금은 내려놓고 한국 친구들과 같이 추억을 쌓을 것 같다.

자신의 흔적을 남기고 싶은 것은 모든 인간의 욕구인 것 같다. '남는 것은 사진'이라는 말이 있는 것처럼, 그리고 '인생샷'이라는 말이 있는 것처럼 말이다. 나는 어떤 인생샷을 남기고 싶을까? 누구의 간섭도 없이 내 마음대로 찍는 혼자만의 인생샷일까, 아니면 내가 통제할 수 없고 다소 번거로울지라도 누군가와 함께하는 순간을 담은 인생샷일까? 멋지게 찍은 혼자만의 사진도 좋지만, 나는 사진을 보며 누군가와의 추억을 더 떠올리고 싶다. 앞으로도 기술들은 계속 발명될 텐데, 그 기술로 혼자 고립되기보다 세상과의 '연결'을 향해 더 나아가고 싶다.

게임 어디까지 해 봤니?

정수미

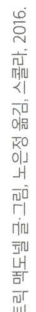

《디지톨》 패트릭 맥도넬 글·그림, 노은정 옮김, 시공주니어, 2016.

최근에는 컴퓨터로도 게임을 하지만 스마트폰이나 태블릿PC 같은 스마트기기 보급이 많아져 스마트기기 게임 시장이 커지고 있다. 나는 초등학교 때 "카트라이더"와 "테일즈런너"라는 게임을 하게 되었다. 둘 다 경주를 하는 게임인데 카트라이더는 자동차를 운전해서, 테일즈런너는 달리기를 해서 누가 먼저 결승선에 도착하는지가 중요한 게임이다. 초등학교 5학년 때에는 "닌텐도"라는 게임기 붐이 일었다. 게임기 안에 게임 프로그램 칩을 삽입해서 하는 형식이다. 마을 꾸미기 게임인 "놀러와요 동물의 숲", 마리오 캐릭터들로 운전하는 "마리오카트" 게임들을 했다. 게임을 할 때 컴퓨터나 닌텐도가 1개밖에 없어 남동생과 서로 먼저 게임을 하겠다고 싸운 일이 정말 많았다. 하지만 가장 많이 게임을 한 때가 언제냐 하면 고등학교 3학년 수능을 마치고 나서다. 시험과 모든 입시 절차가 끝나고 발표를 기다리면서 할 일이 없어 이른바 멍하고 공허한 상태에 빠졌다. 그때에는 친구들을 만나서 놀기에는 용돈이 적기도 했지만 어떤 친구는 대학에 먼저 붙고, 아직 대학에 붙지 못한 친구들도 있어 같이 놀기에는 심적으로 한계가 있었다. 그래서 새벽 늦게까지 게임을 하는 생활을 반복하게 되었다. 게임을 오래 할수록 몸은 피곤했지만 게임은 내가 시간과 노력을 들인 만큼 정직하게 보상이 다가왔다. 그리고 게임은 내가 실패해도 다시 시도할 기회들을 계속해서 준다는 게 가장 매력적이라 푹 빠져들었다.

　게임 중독을 일으키는 요소들을 보면 즉각적인 보상체계와 내가 얼마만큼 성장해 있는지를 숫자를 통해 보여 주는 점이라고 한다. 게임은 할 때마다 내 경험치는 얼마나 쌓여 있고, 다음 레벨까지는 얼마간의 기한이 남았는지 알려 주고, 결과가 좋으면 휘황찬란한 CG 애니메이션으로 축하해 준다. 이러한 게임의 매력적인 요소들은 사람들이 게임에 시간을 많이 쏟게 만든다. 게임에 중독되면 여러 가지 문제가 발생하는데 수면 장애나 학습 장애, 사회성 장애 등 여러 문제가 발생하기도 하고, 게임 중독으로 자녀를 방임해 아동학대 문제로도 이어지고 있기도 하다. 이로 인해 세계보건기구WHO에서는 게임 중독을 게임사용 장애라는 질병으로 분류했으며 2022년부터 게임중독 질병을 치료하도록 권고하고 있다.

　《디지톨》의 외형은 태블릿PC 형태를 한 책으로 원시인 소년 디지톨이 게임에 빠진 내용을 보여 준다. 게임에 빠진 디지톨을 둘러싼 주변인들은 디지톨의 상태를 심각하게 걱정해 이것저것 시도하지만 디지톨은 꿈쩍도 하지 않는다.

"동굴 바깥 진짜 세상은 진화를 거듭했지만 디지톨은 그러거나 말거나 아무 관심이 없었어."

동굴 속에서 몇 시간, 며칠, 몇 달이 지나도 게임에만 몰입한다. 그러다가 결국 화산이 폭발하자 디지톨은 스마트폰을 쥔 채로 태블릿PC와 함께 게임기랑 동굴 밖으로 튕겨 하늘로 날아가 정신을 잃는다. 디지톨은 시원한 풀밭에서 다시 깨어났을 때 주변 풍경의 아름다움을 보고 감탄한다. 이때 그림을 자세히 보면 책 안에 항상 나타나던 태블릿PC 프레임도 사라졌다. 그 후 디지톨은 게임기와 스마트폰을 내팽개치고 공룡 친구를 만나 햇볕 가득한 들판에서 온종일 놀고 밤하늘의 별들이 얼마나 아름다운지 처음 알게 되었다.

나는 다시 일상이 바빠지면서 자연스레 게임과는 멀어지게 되었다. 또 이후에는 맞벌이하시는 이모가 키우시는 강아지를 산책시키는 아르바이트를 하게 되어 거의 끊게 되었다. 강아지를 산책시키면서 겨울에도 생명이 자라나는 준비를 하는 것들을 볼 수 있어 신기했다. 겨울에도 파릇파릇한 잎을 피우려고 노력하는 생명을 보고 나도 다시 열심히 나의 목표를 위해 살아 봐야지 하면서 마음을 다지는 시간도 가지게 되었다.

지금도 게임을 좋아하기는 한다. 스마트폰이나 태블릿PC로 하는 게임들은 여전히 매력적이다. 또 예전에는 게임을 하면 부정적으로 보는 시선들이 많았지만 지금은 그렇지 않다. 프로게이머나 게임 유튜버들의 인기도 나날이 높아지고 있다. e-sport라고 불리며 프로스포츠 게임은 직접 경기장에서 응원하는 팬클럽들도 생겨났다. 프로게이머는 자신이 좋아하는 일로 돈까지 버는 덕업일치의 직업군으로 게임을 좋아하는 이들의 선망의 대상이기도 하다. 심지어 게임 전략을 배우는 프로게이머 학원까지 생겨나기도 했다. 게임은 친구 간의 친목을 다지는 시간도 마련해 준다. 코로나19로 인해 친구들과 직접 만날 수 없으니 아이와 어른 할 것 없이 온라인상에서 함께 게임을 하며 친목을 다지기도 한다. 심지어 나도 친구들과 여전히 온라인에서 만나 블루마블 게임을 하거나 앞에서 말했던 모바일 카트라이더를 하기도 했다. 더불어 게임은 학습에도 영향을 미친다. 코로나19로 온라인 수업을 재미있게 진행하기 위해서 교사들은 아이들과 가상 현실 이용해 교실에서 만나듯이 공간을 구현하기도 한다. 이렇게 긍정적인 면을 잘 활용한다면 모두가 게임을 즐겁게 즐길 수 있지 않을까? 물론 게임은 항상 긍정적인 부분만 있거나 늘 부정적인 부분만 있는 것은 아니다. 동전의 양면처럼 항상 두 가지 부분이 존재하게 된다. 이런 게임의 장단점을 모두 알고 주체적으로 게임을 할 때 모두가 즐거울 수 있지 않을까?

대중매체 디지털 세상 과학기술

이제 우주쓰레기를 치워야 할 시간

곽영미

《무엇이 반짝일까?》
곽민수 글·그림, 숨쉬는책공장, 2019.

2092년, 지구가 멸망에 가까울 정도로 황폐해지자 부를 가진 소수의 사람들은 지구를 떠나 우주 위성 궤도에 만들어진 새로운 보금자리로 이주한다. 남은 사람들은 우주에서 우주쓰레기를 치우는 일을 하거나 지구에 버려지게 된다. 넘쳐 나는 우주쓰레기를 줍고 돈을 버는 사람들도 생겨난다. 영화 《승리호》의 배경이다. 과연 2092년에 승리호 이야기는 현실에서 일어날 수 있을까? 아니면 여전히 상상 속 이야기일까?

세계는 지금, 우주전쟁이 한창이다. 우주전쟁이라고 하면 우주인과 지구인이 싸우는 우주전쟁을 떠올리기 쉽지만 그것이 아니다. 미국, 중국, 러시아와 같은 선진국들이 서로 우주 패권을 두고 우주개발사업에 열을 올리고 있는 것을 말한다. 2019년 미국이 우주군(U.S. Space Force)까지 만들면서 먼 미래에는 우주전쟁이 더욱 심각하게 일어날 것만 같다.

전라남도 고흥군 봉래면에는 우주기지인 나로우주센터가 있다. 2009년에 설립된 나로우주센터에서 2013년 1월 30일 우리나라 최초의 우주 발사체인 나로호가 날아올랐다. 2009년 첫 발사 이후 세 번째 도전이었다. 많은 국민이 제발 이번만은 성공하기를 바라며 방송을 지켜보았다. 나 역시 한국이 드디어 우주 선진국에 진입하기를 바라며 손에 땀을 쥐며 나로호가 날아오르는 모습을 시청했다. 거듭된 실패 끝에 3차 나로호 발사는 성공을 이뤘고, 대한민국은 우주 선진국, 스페이스 클럽의 열한 번째 회원국이 되었다. 물론 발사 성공에는 러시아 엔진을 사용했다는 한계를 지녔지만, 나로호에 탑재했던 나로과학위성은 한국 기술로 만들어졌다. 나로과학위성은 한국의 첫 번째 위성이라는 큰 의미를 가진다. 많은 이들의 관심은 여기서 끝났다. 그로부터 14개월 뒤 한국 최초 위성인 나로과학위성의 통신이 두절되며, '우주쓰레기'로 지구 주위를 떠돌고 있다는 사실을 안 사람은 많지 않다. 보통 인공위성의 설계수명은 1년이지만, 설계수명보다는 2~3배 이상 우주에서 버틴다고 한다. 나로과학위성은 다른 인공위성보다 수명이 일찍 끝났다.

우리는 수명이 끝난 인공위성, 고장 난 로켓 등이 어떻게 되는지 생각해 보지 않는다. 그것들이 우주쓰레기가 된다는 사실을 얼마나 알고 있을까? 우주쓰레기라는 용어 자체를 처음 듣는 이도 있을 것이다. 우주쓰레기는 우주 공간을 떠도는 다양한 크기의 인공적인 모든 물체를 말한다. 인공위성, 로켓, 우주왕복선, 우주비행사가 놓친 물건 등등 다양하다. 또한, 운용 중인 인공위성과 우주쓰레기가 충돌하면서 더 많은 우주쓰레기가 생기고 있다.

《무엇이 반짝일까?》는 우주 공간을 떠도는 우주쓰레기의 이야기를 담고 있다. 파란 사람, 빨간 사람, 노란 사람, 초록 사람들은 경쟁하듯 로켓을 만들고, 우주로 보낸다. 이들은 우주전쟁을 치르는 선진국들의 모습을 나타내고 있다. 그들은 로켓을 만들어 보내기만 할 뿐, 고장 나고, 수명이 다한 우주쓰레기를 어떻게 할지 고민하지 않거나 책임감을 갖지 않는다.

표지 그림은 검은색 우주를 배경으로, 밤하늘에 반짝이는 아름다운 별들처럼 보이는 우주쓰레기가 그려졌다. 아름다운 밤하늘의 별 이야기인가 하고 읽어 나가다가 반전에 놀라게 된다. 이야기 구조는 비교적 단순하다. 이야기의 전반부에는 파랑, 빨강, 노랑, 초록 사람들, 선진국을 상징하는 사람들의 모습을 보여 주고, 그들이 경쟁적으로 로켓을 쏘아 올리며, 서로 우주를 차지하기 위한 모습을 미색 배경에 단순한 그림으로 보여 주고 있다. 그리고 이야기의 후반부에는 우주 공간에 우주쓰레기들이 점점 쌓이는 모습을 줌-인, 줌-아웃으로 보여 준다. 이 이야기는 우주쓰레기에 대해 잘 알지 못하는 독자의 관심을 끈다. 그리고 우리가 무엇을 해야 하는지에 대한 고민을 독자의 몫으로 남기고 있다. 누군가는 이 책을 보고, 우주쓰레기가 있다는 것에 단순히 놀랄 수도 있고, 어떤 이들은 우주쓰레기에 관심을 갖고 자료를 찾아 보며 우주쓰레기 문제를 해결하기 위해 고민하고 이 이야기를 널리 공유할 수 있다. 작가는 그런 사람들이 많아지기를 바라며 이 이야기를 만들지 않았나 생각해 본다.

작가의 첫 번째 그림책 《아주아주 센 모기약이 발명된다면?》에서는 살충제의 위험성을 고발하는 이야기를 담았고, 두 번째 작품인 이 작품은 우주쓰레기를 소재로 했다. 모두 환경 관련 소재의 그림책으로, 평소 환경문제에 관심이 있다는 것을 짐작할 수 있다.

　무언가 만들어지면 고장 나고, 버려진다는 것을 우리 모두 잘 알고 있다. 그런데 우리는 어리석게도 우주라는 공간이 드넓고, 보이지 않으며, 직접적인 피해가 없으니 우주쓰레기에 무감각하게 반응한다. 눈에 보이는 지상의 쓰레기들을 어떻게 줄일지, 치울지 고민하면서도 우주쓰레기는 괜찮다고 여기며 관심을 덜 갖는다. 과연 정말 그럴까?

　최근 우주쓰레기가 급격하게 증가하면서 우주쓰레기 때문에 인공위성을 제대로 운용할 수 없을 수도 있다고 한다. 인공위성이 없으면 우리는 첨단과학시설의 혜택을 모두 누릴 수 없다. 인공위성으로 운용되는 전 세계 무선통신과 방송, 일기 예보, 교통수단 등이 멈추며, 우리의 일상생활도 멈추게 된다. 휴대전화기와 방송과 같은 통신이 끊긴다면 어떨 것 같은가? 무인도에 떨어져도 휴대전화기는 있어야 하는 현대인에게 통신과 방송이 사라진 사회에서 하루라도 살아가기가 쉽지 않을 것이다. 광케이블을 이용한 인터넷 통신 역시 인공위성이 그 역할을 하고 있으며, 앞으로 우주 인터넷 시장은 더욱 넓어질 것이라고 한다. 인공위성의 활용이 높아지면서 지진, 해일, 쓰나미와 같은 자연재해보다 더 무서운 우주쓰레기 재해가 생겨날 수도 있다는 말이다. 이제 밤하늘을 올려다보면서 아름다운 별을 떠올릴 것이 아니라 저 많은 우주쓰레기를 어떻게 처리해야 할지 걱정해야 하는 시대가 되었다.

　2030년 우주쓰레기는 지금의 3배 가까운 양이 될 거라고 예측한다. 이를 해결하기 위한 국제적 노력이 필요하다. 한국 최초 SF 우주영화이자, 우주쓰레기 문제를 다룬 영화 《승리호》처럼,

우리는 지구에 남아 우주쓰레기들을 처리하며 살아갈 수도 있다. 총알보다 몇십 배 빠르고, 파괴력이 강한 우주쓰레기들이 언제 나와 가족, 집을 빼앗을까 두려움에 떨며 살아갈 날이 언제일지 아무도 모른다.

대중매체 디지털 세상 과학기술

오퍼튜니티가 만들어 낸 기적 같은 이야기

신미성

《나는 화성 탐사 로봇 오퍼튜니티입니다》
이현 글, 최경식 그림, 여유당출판, 2019.

로봇 기술의 발전은 우리의 삶을 편리하게 해 준다. 몇 년 전 대학로에 새로 생긴 음식점에서 커피를 제조하는 로봇을 보고 놀란 적이 있다. 그러나 그 놀람은 시작에 불과했다. 최근에는 무인 로봇 카페가 생겨 키오스크로 주문을 하면 로봇이 커피를 제조해 주며, 음식점에 가도 로봇이 서빙을 해 준다. 사람이 아닌 로봇이 내 테이블까지 주문한 음식을 가져다주는 세상이 된 것이다. 또한 병원에서 사람 손을 대신해 수술을 해 주는 로봇의 등장도 오래된 일이다.

　코로나19의 장기화로 비대면 서비스가 증가하면서 위드 로봇 시대가 더욱더 성큼 다가왔음을 실감한다. 특히 코로나19로 사투를 벌이는 국내외 많은 병원에서는 의료진을 대신해 환자들을 돕는 간호사 로봇이 엄청난 활약을 펼치고 있다. 중국에서는 공공장소에서 사람들의 체온과 마스크 착용을 감시하기 위한 순

찰 로봇도 등장했다. 현재 한국 국립고궁박물관에서는 문화해설사 대신 로봇이 전시물 해설을 하고 있으며, 성남시에는 탄천을 달리는 자율주행 스마트 도서관 로봇도 등장했다. 이제 사람들은 산책을 하다가도 도서관 로봇을 만나면 언제든지 책을 대여할 수 있게 되었다. 이처럼 로봇은 물류, 의료, 음식 배달, 교육과 같은 분야에서 점점 더 우리의 일상 가까이에 들어오고 있다.

인간의 생활을 편리하게 해 주는 로봇들이 있는가 하면 인간이 접근하기 어려운 곳에서 하기 힘든 일을 해 주는 로봇도 있다. 《나는 화성 탐사 로봇 오퍼튜니티입니다》는 실제 NASA(미국항공우주국)에서 개발한 화성 탐사 로봇의 이야기를 담고 있다. 오퍼튜니티는 쌍둥이 로봇 중 하나로 다른 하나인 스피릿은 화성 반대편에 착륙해 임무를 수행했다. '기회'라는 뜻을 가진 Opportunity는 미국 전역의 공모를 통해 고아원 출신의 아홉 살 소녀에게서 채택된 명칭이다. '기회'라는 의미를 지닌 만큼 오퍼튜니티는 자신의 기회를 엄청난 업적으로 남겼다. 7개월에 걸쳐 화성 표면에 착륙한 오퍼튜니티는 90일이라는 예상 탐사 시간을 뛰어넘어 60배에 달하는 기간 동안 임무를 수행한 기적과도 같은 놀라운 이력을 가졌다.

오퍼튜니티는 화성의 지질을 조사하기 위한 현미경과 카메라, 적외선 분석 기계, 로봇 팔 등을 탑재했고, NASA 요원의 원격 조정을 받으며 탐사를 했다. 우리는 오퍼튜니티의 눈을 통해 1억 6,000만 km나 떨어진 화성의 모습을 탐험할 수 있었다. 그리고 그의 발견으로 인해 화성에 물이 존재할 수 있음을 확인했다. 1초에 겨우 5cm를 움직일 수 있는 작고 느린 로봇이지만 총 15년 동안 42.15km를 탐사하며 수많은 사진과 데이터를 지구로 전송해 준 덕분이다.

《나는 화성 탐사 로봇 오퍼튜니티입니다》가 지닌 특별한 매력은 로봇이라는 물체를 의인화해 생명을 담아낸 것이다. 로봇을 제작해 탐사를 지시하는 인간의 시점이 아닌 주체적인 로봇의 시점으로 서사가 진행된다. 그로 인해 독자들은 화성을 탐사하는 로봇의 작업 수행뿐만 아니라 아무도 없는 광활한 화성에서 홀로 임무를 수행하는 오퍼튜니티의 생각과 감정까지도 읽을 수 있다.

"가만히 있으면 아무 일도 일어나지 않는다. 위험도 없지만 발견도 없다. 나는 화성 탐사 로봇, 가 보지 않은 길로 계속 나아간다."

본문의 글에서는 어떠한 상황에서도 자신의 임무를 해내려는 우직하고 강인한 오퍼튜니티의 성격이 잘 드러나 있다. 반면 연필과 샤프로 세밀하게 그려진 흑백 그림은 드넓고 척박한 화성을 탐사하는 오퍼튜니티의 쓸쓸함과 외로움을 더욱더 강조해 보여 준다.

이야기에서 오퍼튜니티는 감정이 있는 로봇으로 그려져 오늘날 실제로 존재하는 감정 로봇들을 떠오르게 한다. 최근에는 지능형 로봇이나 감정 로봇과 같이 인간과 유사한 로봇들이 활발히 연구되고 있다. 대표적인 예로 인간의 감정을 인식하는 휴머노이드 로봇 '페퍼'가 있다. 이는 2014년에 프랑스의 로보틱스에서 개발한 로봇이다. 휴머노이드 로봇은 사람의 행동이나 표정 등을 감지해 감정 패턴을 인식할 수 있어서 인간과 감정적 반응을 주고받을 수 있다. 그러나 다양한 서비스 산업에 적극적으로 활용되어 온 페퍼는 소비자 반응이 변하면서 2020년에 결국 생산이 중단되었다. 이 사례는 인간이 로봇과 인간에게 각각 기대하는 바가 다름을 알려 준다.

감정을 지닌 로봇과 인간과의 관계는 드라마와 영화에서도 자주 다루어지는 소재다. 특히 2018년에는 한국 최초로 AI 휴먼 로맨스를 그린 드라마 《너도 인간이니?》가 제작되었다. 드라마에서 처음 접해 보는 소재였던 만큼 매우 흥미롭게 시청했던 기억이 있다. 이는 혼수상태에 빠진 아들을 대신하게 된 인공지능 로봇과 인간과의 갈등과 사랑에 대해 담고 있다. 영화 《에이 아이》도 로봇이 인간 부부의 아이를 대신해 살아가는 이야기를 담고 있으며, 《아이, 로봇》은 로봇공학 3원칙이 오류를 일으키면서 인간에게 반항하며 인간을 지배하려 드는 로봇에 대한 이야기다. 특히 영화 《그녀^{Her}》는 인공지능을 사랑하게 된 한 남자의 이야기로 인간과 로봇의 사랑과 그 본질에 대한 고민을 불러일으키는 철학적인 사유를 담고 있다.

지금으로부터 약 70년 전, 컴퓨터의 선구자인 앨런 튜링은 "사람을 닮은 로봇을 만드는 일은 헛되고 매우 불쾌한 결과가 될 것"이라며 휴머노이드 로봇 개발에 대해 경고한 바 있다. 몇 해 전 참여했던 'HCI$^{Human\ Computer\ Interaction}$ Korea' 학술대회에서도 '로봇 개발자들은 윤리의식을 가지고 늘 경계하며 로봇을 개발해야 한다.'는 것이 가장 중요한 화두였다. 오늘날 로봇의 기능은 점차 고도화되고 있다. 오퍼튜니티처럼 인간의 일을 도와주는 역할을 넘어 인공지능을 통해 인간의 감정을 읽어 내고, 로봇이 직접 판단하여 디테일한 업무를 수행하는 등 다양한 역할로 변하고 있다. 따라서 우리는 인간과 로봇이 평화롭게 공존하기 위한 세상에 좀 더 관심을 가져야 할 필요가 있을 것이다.

3장

그림책 속

변화된 사회

> 자본주의

유전유언(有錢有言)!
무전무언(無錢無言)!

박락원

《낱말 공장 나라》 아네스 드 레스트라드 글, 발레리아 도캄포 그림, 신윤경 옮김, 세용출판, 2009.

1988년 하면, 한국 사람이라면 대부분 서울 올림픽을 떠올릴 것이다. 빛이 있으면 그림자도 있듯 사람들 시선이 화려한 축제에 집중되었던 가운데 당시 '지강헌 사건'도 있었다. 이 사건은 영등포 교도소에 수감됐던 25명이 다른 교도소로 호송되던 길에 일어났다. 그중 12명의 미결수가 호송 버스에서 교도관들을 흉기로 위협하고 권총을 빼앗아 집단 탈주한 사건이었다. 12명 중 8명은 검거됐지만 4명은 여러 가정집에 침입하며 경찰을 피해 다녔다. 그러다 북가좌동 한 가정집에서 경찰들에게 포위당하게 되었고 인질극을 벌이게 된다. 4명 중 2명은 가지고 있던 권총으로 스스로 목숨을 끊었고 지강헌도 창문 유리 조각으로 자신의 목을 그으며 이 사건은 끝이 났다.

　　인질극을 벌인 지강헌 일당의 죄는 응당 벌을 받아야 하는 것이라 사람들은 말한다. 하지만 경찰과 대치하면서 외쳤던 지강헌의 '유전무죄 무전유죄'는 시간이 지날수록 더 공감을 얻고 있다. 그 이유는 현대사회 자본주의로 인해 빈부격차가 더 심해졌기 때문일 것이다.

《낱말 공장 나라》는 자본주의 현실을 극대화한 판타지 그림책이다. 작가 아네스 드 레스트라드는 제목에서부터 이야기를 시작한다. 제목으로 배경이 낱말 공장이 있는 나라임을 알 수 있게 되는데 본문이 시작되면 제목과 모순되는 내용으로 독자를 의아하게 만든다.

"사람들이 거의 말을 하지 않는 나라가 있었어요.
그곳은 바로 거대한 낱말 공장 나라였어요."

낱말을 생산하는 공장이 있는 나라인데 사람들은 말을 하지 않는 이상한 나라다. 뒷장을 넘기면 바로 그 까닭이 무엇인지 알 수 있다. 이곳은 낱말을 사서 그 낱말을 삼켜야만 말을 할 수 있는 자본주의 사회다. 옷에서부터 빈부의 격차를 느낄 수 있다. 빈곤한 사람들의 옷은 연습장처럼 줄만 있거나 자신들이 끼적인 낙서가 있다. 반면에 부자들은 옷, 모자에도 수많은 글이 있으며 한 번 쓰고 버릴 쇼핑백도 글자들로 도배되어 있다.

심지어 낱말들의 가격이 달라 가난한 사람들이 할 수 있는 말은 제한된다. 가난한 사람들이 살 수 있는 값싼 단어들은 '응.', '그래.'와 같은 것으로 어떤 말에도 긍정적으로 대답을 할 수밖에 없다. 노숙자들은 낱말 식당 쓰레기장에서 낱말 찌꺼기들을 찾아 자신들이 할 수 있는 말을 찾는다. 그나마 '엄마, 아빠, 언니, 동생, 고마워.' 등과 같은 말들이 날아다니기도 하는데 이마저도 축제가 열릴 때뿐이다.

　다소 무거울 수 있는 배경에서 작가는 필레아스와 시벨의 사랑 이야기를 담는다. 소년 필레아스는 사랑하는 시벨의 생일을 축하하고 싶지만 돈이 없어 하고 싶은 말을 전할 수 없다. 필레아스와 달리 연적 오스카는 경제력이 상당하다. 그의 모자와 옷에는 낱말들이 가득 채워져 있다. 오스카가 등장하기만 해도 주변에는 낱말 종이들이 흩날리고 그는 당당하게 자신의 사랑을 시벨에게 직접적으로 표현한다. 오스카의 돈은 낱말이 되고, 낱말은 자신의 감정을 마음대로 전할 수 있는 힘이 된다. 요즘 흔하게 듣는 '돈이 곧 권력이다.'는 말이 떠오르게 되는 장면이다. 이 모습을 보며 필레아스는 상대적 박탈감을 느낄 수밖에 없다.

　하지만 필레아스는 포기하지 않는다. 나비가 그려진 자기 옷에 손을 얹고 온 마음을 담아 자신이 가진 낱말 "체리, 먼지, 의자"로 세빌에게 사랑을 전한다. 세빌도 전혀 다른 뜻이지만 이 단어들이 사랑의 고백임을 알고 필레아스 볼에 입을 맞춘다. 마지막 장면에서는 필레아스 옷에 있던 나비들이 필레아스와 시벨 위를 날아다니면서 이야기는 마무리된다.

　《낱말 공장 나라》에서는 '나비'가 자주 등장한다. 작가는 왜 '나비'를 그렸을까? 그림책의 원서는 유럽 벨기에에서 출판되었는데 고대 그리스어로 '나비'는 프시케(Psyche)라고 한다. 또한 그리스 신화에서 사랑의 신 큐피드와 프시케의 사랑 이야기로 잘 알려져 있듯, 프시케의 의미는 순수한 사랑을 뜻하면서 고난을 감내하고 참된 행복을 얻는 인간의 영혼을 상징한다. 그리고 곤충 나비는 애벌레 시절 음침한 땅속 생활을 겪고 인내를 겪으며 끝내 고치를 뚫고 나와 새롭게 날아오르기 때문에 고대 그리스에서 나비를 프시케라고 불렀다.

　이처럼 필레아스와 시벨의 사랑은 가난한 환경, 돈 많은 오스카도 막을 수 없었다. 두 사람은 하고 싶은 말을 할 수 없는 위기에서도 순수한 사랑과 진심으로 이를 극복했고 참된 행복을 얻었다. 《낱말 공장 나라》는 자본주의 사회에서도 돈이 전부가 아니며 결국 사랑은 어떠한 것으로도 살 수 없는 것임을 잘 알려 준다.

　요즘 기사들을 살펴보면 '유전결혼 무전비혼, 유전취업 무전실업, 유전면제 무전입대' 같은 신조어들을 만날 수 있다. 돈이 있으면 결혼할 수 있고 취업도 할 수 있으며 군대 면제가 가능하다는 이야기다. 그러나 돈이 없다면 아무것도 할 수 없음을 뜻하는 말들이다. 지강헌 사건이 일어나고 30여 년이 지났다. 그런데도 이런 신조어들이 생기는 것을 보면 돈이 있어야 어떤 일이든 할 수 있다는 생각이 사람들 사이에서 점점 더 만연해지는 것 같다.

　지금까지 회자하는 지강헌 사건에서 사람들이 가지는 연민은 빅토르 위고의 《레 미제라블》의 장 발장에게 가지는 연민과 비슷할 것이다. 자신의 원래 꿈은 시인이라 했던 지강헌은 죽기 전 마지막 인질극에서 "낭만적인 바람막이 하나 없이 이 사회에서 목숨을 부지하기에는 너무나 살아갈 곳이 없었다."라고 외쳤다. 지강헌은 인질 중 20대 한 여대생에게 자신을 위해 기도해 줄 것을 요구했고, 그 여대생이 자신을 위해 기도해 주자 펑펑 울었다고 한다. 물론 범죄를 합리화해서는 안 될 것이다. 그러나 돈이 없으면 아무것도 할 수 없다고 생각하는 자본주의 시대에서 수많은 사람이 지강헌이 될 수 있다는 생각이 들었다. 우리에게 필레아스처럼 '체리, 먼지, 의자'라는 말을 던졌음에도 자신의 마음을 알아주었던 단 한 사람의 시벨이 필요하지 않을까?

더 아름답고, 더 빠른 차가 갖고 싶어요!

신미성

《최고의 차》 데버드 칼리 글 세바스티앙 무랭 그림 바람의아이들 옮김 봄볕 펴냄 2016.

우리는 그 어느 때보다도 풍요로운 시대를 살아가고 있다. 그러나 나에게 채워진 것에 대한 감사함보다는 채워지지 않은 것에 대한 부족함에 더 집중하게 되는 것 같다. 부모님으로부터 경제적으로 독립해 내 가족과 함께 지낸 지 어느덧 1년이 지났다. 우리 부부는 지난 1년간의 소비와 자산을 점검해 보는 시간을 가졌고, 하마터면 내가 가지고 있던 경제권을 빼앗길 뻔했다. 결정적인 이유는 매월 쓰기로 했던 가계부를 손에서 놓은 지 반년이나 되었기 때문이었다. 결혼 초에는 매일매일 가계부를 쓰며 돈 관리와 재테크에 많은 시간을 할애할 수 있었다. 그러나 아이가 태어나면서 기하급수적으로 지출이 늘어났고 하루에 수십만 원씩 물건을 구매하는 날도 많아졌다. 어느 순간부터는 가계부를 쓰며 지출을 확인하는 일조차 두려워지게 된 것이다. 이것은 엄연히 나의 무책임함과 회피하려는 태도로 인한 잘못이다.

더불어 요즘 나에게 새로운 습관이 하나 생겼다. 매일같이 무언가를 사고 부족한 것이 없음에도 습관처럼 온라인 쇼핑몰을 들여다보는 것이다. 특히 팬데믹의 영향으로 집 안에서 지내는 시간이 늘어나 자연스럽게 여가생활과 소비생활까지 하게 되었다. 이와 같은 현상을 오늘날 '홈코노미'라고 부르는데, 이는 홈^{Home}과 이코노미^{Economy}의 합성어다. 집을 단순한 주거공간의 개념으로 보는 것이 아닌 휴식이나 여가를 즐기는 공간이 되어 집 안에서 행해지는 다양한 경제 활동을 뜻하는 말이다.

나의 이 홈코노미 소비를 더욱 부축인 것은 바로 SNS라고 할 수 있다. SNS상의 친구 중 80% 이상은 나의 아기와 비슷한 시기의 아이를 키우고 있는 육아 동지들이다. 그들은 아기의 100일, 200일, 돌, 크리스마스를 비롯한 모든 기념일을 매우 성대하고 화려하게 축하한다. 그들의 모습이 특별해 보이는 만큼 나 또한 내 아이에게 더 특별하게 기념해 주고 싶어진다. 실제로 그들의 사진 속 모습에 자극을 받아 과소비를 한 적이 많다. SNS에 아이의 예쁜 사진, 자랑하고 싶은 사진을 올리기 위해 인테리어 효과를 낼 수 있는 물건이 우리 집에 점점 많아지고 있다. 심지어 잘 쓰고 있는 새 물건을 중고거래 앱을 이용해 팔고 더 예쁜 디자인으로 다시 산 적도 있다.

현대인의 소비 욕구를 부추기는 요인들은 무수히 많다.《최고의 차》의 주인공 자크 아저씨는 퇴근길에 본 전광판의 광고로 인해 무려 차를 바꾸는 소비를 하게 된다. 자크 아저씨는 주차하기도 쉽고, 원하는 곳은 어디든 갈 수 있는 오래된 작은 차를 가지고 있다. 그러나 길에서 본 크고 현란한 광고판을 본 후 남들이 부러워하는 최고의 차 '비너스'가 갖고 싶어진다. 잠자리에 누워서도 계속 생각이 날 만큼 말이다. 자크 아저씨는 자신의 월급으로는 새 차를 살 수 없다는 것을 잘 알기에 돈을 벌기 위한 방법들을 생각해 본다. 카지노나 경마장에서 큰돈을 벌거나 은행 강도가 되어 돈을 구하는 모습을 떠올렸지만 정말 다행히도 생각에서 그쳤다. 그는 결국 집에서 작은 조각들을 조립해 개당 1땡그랑을 버는 부업을 택했고, 시간이 흐를수록 자신의 본업보다 부업에 더 많은 시간과 노력을 투자했다. 그는 드디어 꿈에 그리던 최고의 차 '비너스'의 주인이 되어 멋지게 도로를 달린다. 그러던 중 '비너스' 자동차 광고판이 붙어 있던 곳을 지나가는데 그곳에서 새롭게 바뀐 광고를 보게 된다.

"아프로디테 더 아름다운 차! 더 빠른 차! 누구든 한 번 보면 눈을 떼지 못하는 세련되고 매력적인 자동차가 달려갑니다!"

자크 아저씨는 새로운 광고 문구에서 눈을 떼지 못했고, 또다시 축 처진 어깨로 작은 조각들을 조립하기 시작한다. 그렇게 이야기는 끝이 난다.

자크 아저씨가 살아가는 배경과 사건은 오늘날을 살아가는 현대인들의 모습과 매우 닮아 있다. 현실에서도 사람들은 다른 사람이 가진 좋은 것들을 보면 부러워하기 마련이다. 또한 우리는 거리에서 볼 수 있는 광고뿐만 아니라 유튜브, SNS, TV와 같이 다양한 매체들을 접하며 수많은 광고에 노출되어 있다. 언제나 사람들을 유혹하는 현란한 광고가 쏟아져 나오는 환경 속에서 사람들은 더 좋은 차, 더 좋은 집, 더 좋은 그 어떤 것을 갖기를 열망하게 된다. 사실 자크 아저씨처럼 자동차를 운전하고 다니다 보면 내 옆을 지나가는 값비싼 고급차들을 보며 한 번쯤 타 보고 싶다는 생각이 들기 마련이다. 그렇지만 자크 아저씨와는 달리 우리는 현실에 맞게 살아가야 하는 것을 알기에 그 마음을 자제하며 자신의 주어진 상황에 감사하며 살아간다.

물론 그렇게 하지 못하는 사람들도 있다. 그중에 한 예로 일명 '카푸어'로 불리는 사람들이 있다. 카푸어는 자동차^{Car}와 가난한^{Poor}의 합성어로 자신의 경제 상황에 비해 무리하게 비싼 차를 구매한 사람들이다. 그로 인해 경제적으로 궁핍한 생활을 감내하며 살아간다. 며칠 전 뉴스에서 카푸어들에 대한 문제가 보도된 것을 보았다. 보증 기간이 끝난 비싼 외제차를 1,000만 원대에 저렴하게 구입한 사람들이 차 수리 부품값을 감당하지 못하고 있다는 것이다. 결국 그들은 공업사에 차를 버리듯 몇 년씩이나 방치하고 있었다. 카푸어들은 자신뿐만 아니라 타인에게까지 피해를 주는 존재가 되어 버렸다.

《최고의 차》의 자크 아저씨와 카푸어들의 일화를 통해서도 알 수 있듯이 물질적으로 풍요롭다고 해서 정신적으로도 반드시 풍요로운 것은 아님을 알 수 있다. 오늘날 소비 형태의 독특한 특징 중 하나는 '새로운 욕구를 더 선호'한다는 것이다. 이러한 시대 속에서 우리는 정신적인 풍요에 대해 돌아볼 필요가 있다. 얼마 전 내가 아이에게 간식을 주고 있을 때 그 모습을 친정엄마가 한참 동안 바라보고 계셨다. 이유를 여쭤보니 아이의 간식 그릇이 내가 결혼할 때 엄마가 물려주신 그릇이었기 때문이었다. 어렸을 때부터 엄마가 사용하는 그 그릇이 예뻐 보였던 나는 시집갈 때 그 그릇을 가지고 가야 하니까 조심해서 사용해 달라고 말하곤 했다. 그렇게 애정 어리게 여겨 왔던 그릇이 3대째 사용되고 있는 모습을 보고 뭉클함을 느끼신 것이다. 나 또한 나의 엄마와 내가 소중하게 여기는 물건을 나의 아이가 사용하고 있는 모습에 행복의 감정이 종종 느껴지곤 한다. 바로 이러한 것이 물건과 소비를 대하는 자세에서 얻는 정신적인 풍요로움이 아닐까 싶다.

또! 더! 새로운 거

김주아

《보세주르 레지던스》
질 바슐레 글·그림; 나선희 옮김. 책빛. 2021.

한국에 살고 있는 외국인들이 출연하는 예능 프로그램이 있다 그중 어떤 미국인 가족이 등장했는데, 그 가족의 딸이 애니메이션 《겨울왕국》의 '엘사'를 많이 좋아했다. 한 에피소드에서 엘사 코스튬 드레스를 선물 받고 행복해하는 모습이 그려졌다. 《겨울왕국》이 개봉된 이후 '엘사 앓이'를 하는 아이들이 많았다. 지금은 개봉 당시만큼 엘사의 장난감을 주변에서 찾아볼 수는 없고 엘사의 유명세도 예전과 다르다. 국내에서는 한때 뽀로로의 인기도 대단했는데, 아이들의 대통령이라면서 '뽀통령'으로 불리기도 했다. 《상어가족》 역시 소위 '히트 친' 노래로 아이스크림 케이크나 인형으로도 상어가족 캐릭터가 많이 등장했다. 어린이들뿐만 아니라 성인들을 위한 굿즈도 많다. 카카오 프렌즈의 라이언, 네오, 어피치 등의 캐릭터는 수많은 굿즈로 생산되어 판매된다. 최근에는 '춘식이'가 새롭게 등장해서 인기를 끌고 있다. 춘식이는 라이언이 거둔 길냥이라고 한다. 스토리텔링을 이어 가면서 새로운 캐릭터들을 계속 등장시키고, 그 캐릭터들에 맞추어 또 새로운 굿즈들이 탄생한다. 자본주의 시대에 새롭고 더 새로운 제품들은 끊임없이 만들어지고 있다.

20세기 전에는 장난감이 보편적이지 않았다. 부유한 아이들의 전유물이었다. 고대 그리스 시대 아이들은 돼지 방광을 공으로 삼거나 너클 뼈로 음악을 연주했고, 로마 시대 아이들은 나무나 점토 같은 자연물을 놀잇감으로 삼았다고 한다. 한국에서도 돌멩이를 주워 공기놀이를 하거나 물수제비를 뜨곤 했다. 자연의 모든 것이 아이들에게는 놀이터였고 놀잇감이었다.

우리가 잘 알고 있는 '인형의 집'이 처음 만들어진 시기는 16세기 중반이었고 독일에서 만들어졌다고 한다. 이후 산업혁명의 영향으로 대량 생산 체제가 가능해지면서 대중에게 판매되기 시작했다. 20세기가 되면서 산업들이 더 성장하고 플라스틱이나 금속이 저렴하게 판매되면서 장난감이 보편화되었다. 이 시기에 레고^{Lego}가 최고의 인기 장난감으로 등장했다. 레고는 지금도 많은 사랑을 받고 있다. 많은 시리즈물을 내놓기에 성인들도 수집품처럼 하나씩 모으기도 한다. 하지만 스토리가 고정된 장난감은 시간이 지나면서 지루해지기 마련이다. 그렇기 때문에 장난감 회사들은 끊임없이 새로운 스토리텔링을 하고 더 새롭고 획기적인 장난감을 만들기 위해 고군분투하고 있다. '장난감'이라는 개념이 없었다가 생겨나고 자본주의와 만나면서 또 하나의 매출 경쟁 무대가 된 것 같다. 그 속에서 아이들의 발달에 필요한 지식은 본질이라기보다 장난감을 잘 팔기 위한 첨가물로 전락할 위험이 있다.

《보세주르 레지던스》는 어린이 세계에서 유명한 캐릭터들의 이야기를 담았다. 프랑스어인 '보세주르Beau-Sejour'는 아름다운 체류Beautiful stay를 의미한다. 이름처럼 보세주르 레지던스는 한때 유명했던 장난감 스타들이 호화로운 삶을 누리며 재기를 다지는 곳이다. 피트니스 클럽, 요리공간, 수영장, 미용실 등 모든 편의시설이 갖춰져 있는 이곳은 얼핏 보면 지상낙원처럼 보인다. 하지만 보세주르 레지던스 지하실의 연구실에서는 '혼종' 연구가 진행되고 있었다. 보세주르 레지던스 거주자를 데려가서 빠르게 바뀌는 유행에 맞춰 새로운 캐릭터로 변종시키는 연구가 진행되고 있었던 것이다. 그림 곳곳에 '혼종'과 관련된 단서들이 심겨 있고 숨겨진 비밀에 대한 암시들이 숨어 있어서 찾는 재미가 있다. 그리고 명화를 패러디한 그림들도 보인다. 특히 페르메이르의 〈진주 귀걸이를 한 소녀〉와 〈우유를 따르는 여인〉을 패러디한 그림이 유니콘인 푸퓌양의 방에 걸려 있다. 전자의 그림은 '아름다운 가상 소녀의 얼굴'이고, 후자는 '실존했던 한 평범한 여인이 빛을 받으며 우유를 따르는 일상의 모습'을 그린 그림이다. 상반된 주제의 그림들이 나란히 제시된 점이 인상적이다. 화려하지만 실제가 아닌 '가짜'와 평범하지만 빛나는 '진짜 일상'이 대비를 이루는 것이다. 보세주르 레지던스에 넘쳐 나는 것이 주식이 아닌 간식, 즉 도넛과 컵케이크라는 점도 재미있다. 중요한 영양소가 함유된 주식보다 화려하고 예쁜 간식들이 더 눈에 띈다. 마치 우선순위의 문제에 대해 질문을 던지는 듯 보인다. 인기를 얻는 것, 잘 팔리는 것도 물론 어느 정도 필요하고 중요하지만, 더 중요한 본질이 있고 자본주의 시대에 살면서 더 중요한 본질이 있는 무언가를 놓치고 있지는 않은지 생각해 볼 필요가 있다. 마지막에 두 주인공인 유니콘과 통도리우스는 보세주르 레지던스의 비밀을 밝혀내고 스타가 되었지만, 스타의 자리로 돌아가지 않고 둘만의 삶을 함께 살아 내기 위해 길을 떠났다. 두 주인공은 그 본질이 무엇인지 깨달았기 때문일 것이다.

어렸을 적, 나는 주로 밖에서 뛰어노는 편이었다. 장난감을 가지고 놀았던 기억보다는 남동생들을 거느리고 밖에서 땀범벅이 되어 가며 뛰어놀던 기억이 더 많고 선명하다. 그 당시에는 장난감이 요즘처럼 다양하지 않았고 유행에 민감한 정도도 지금만큼은 아니었다. 그래도 어릴 적 나름 인기가 많았던 아기 인형 '똘똘이'가 생각난다. 눕히면 눈이 저절로 감기는 인형이어서 그 인형을 가지고 엄마놀이를 했다. 하지만 그 인형과 놀았던 기간은 길지 않았다. 그 인형으로 할 수 있는 놀이가 한정되어 있었기 때문이다.

놀잇감을 가지고 놀았던 기억 중 유독 생생하게 기억하고 있는 순간이 있다. 온갖 지우개를 다 꺼내 놓고 무도회장 놀이를 했던 날이다. 스케치북을 무도회장 카펫 삼아 깔아 두고 그 위에 지우개들을 커플처럼 짝 맞춰 세워 놓아 무도회 분위기를 만들었다. 지우개 커플들이 춤을 추는 무도회장이었다. 평소 가지고 놀던 바비인형 세트 구성품이었던 부엌 가구와 냉장고도 무도회장 구석에 설치해 놓았다. 그렇게 혼자 놀고 있는 나를 바라보시던 어머니께서는 특이하고 희한한 발상이라며 신기해하셨다. 그때가 초등학생이었던 것으로 기억하는데, 20여 년 전임에도 불구하고 아직까지도 그날의 즐거웠던 감정이 남아 있다. 그 무도회를 개최한 주최자로서 굉장히 행복했다. 내가 놀잇감을 활용해 놀았던 것 중 가장 창조적인 놀이였기에 기억에 남는 것 같다. 나의 삶에서 선택의 자유를 누리고 그 안에서 창조성을 발휘하는 것이 진정한 놀이라고 생각한다.

지금의 이 시대는 다음 세대인 아이들에게 어떤 놀이를 가르쳐 주고 있는 것일까? 아이들이 자연스럽게 주변을 탐색하면서 놀기 전에, 가공된 장난감을 주변에 배치해 진짜 세상을 탐색하는 즐거움을 빼앗고 있지는 않은지 생각해 보게 된다. 인기몰이를 위해 끊임없이 새롭게 가공하는 세계 속에서 아이들이 지닌 본연의 탐색 능력과 창조 능력을 잃고 있는 것은 아닐까?

망설임이 주는 것

김효정

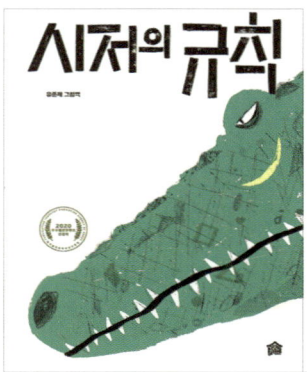

《시저의 규칙》
유준재 그림책, 그림책공작소, 2020.

다수의 원칙을 따르는 민주주의 사회에서 우리는 흔히 다수가 소수를 배제한다고 생각한다. 하지만 막상 그 안을 들여다보면 소수의 강자가 다수의 약자를 배제하고 있는 경우가 허다하다. 《시저의 규칙》은 다수의 약자가 소수의 강자를 향해 만들어 내는 균열을 보여 준다. 악어, 시저는 누가 봐도 숲속의 왕처럼 크고 힘이 세다. 그가 가장 강한 건 자연의 법칙에 따라 그럴 수밖에 없어 보인다. 그 모습을 보며 나는 재능이란 그런 거라고 생각했다. 마치 자연의 법칙처럼 강자와 약자의 위치가 재능에 따라 정립된다. 누군가가 제자리에서 폴짝 뛰기만 하면 닿는 거리까지 가기 위해 어떤 이는 한참 뒤에서부터 도움닫기를 해야 한다. 그런데 늘 강자였을 것만 같은 시저도 눈가에 커다란 흉터를 달고 있다. 지금은 시저가 누구든 공격할 수 있지만, 그도 한때는 누군가로부터 공격을 당했다. 그렇게 잊지 못할 사건을 겪으며 자신을 보호하기 위해 자기만의 규칙을 만들었을 것이다. 약자와 강자의 위치는 언제든 바뀌기 마련이다.

    스스로 만든 규칙은 내가 지키기로 굳게 마음먹은 법칙이기 때문에 쉽게 바꾸기 힘들다. 처음으로 자신의 규칙에 예외를 만든 시저는 물에 비친 자기 얼굴을 보며 낯설어한다. 그는 자신이 만든 규칙이 어딘가 잘못되었음을 알게 된다. 다만 아는 것과 인정하는 것은 전혀 다른 문제다. 그 차이는 머리와 가슴의 차이만큼이나 큰 것이기 때문이다. 그 사실이 시저를 못 견디게 했고, 치열하게 고민하게 했을 것이다. 결국 인내심이 바닥났을 때 시저는 새들에게 달려들어 우렁찬 소리를 낸다. 있는 힘껏 입을 벌리고 있지만, 그가 새들을 잡아먹으려던 것은 아니라는 생각이 든다. 이미 시저에게는 망설임을 넘어서는 커다란 균열이 만들어진 것이다.

    초등학생 때 다니던 미술 학원에서는 내가 미술에 적응할 무렵 데생을 알려 주었다. 색을 칠하지 않고 연필 선으로만 그림을 그리는 것이다. 화려한 색과 굵은 선을 좋아하는 나에게는 명암만 존재하는 그림이 전혀 멋있어 보이지 않았다. 심지어 선으로만 그려야 했기에 꽤 긴 시간을 투자해야 했고, 그림을 완성하는 과정은 유독 길고 지루하게 느껴졌다. 그렇게 몇 달이 지나고 스케치북 한 권이 나의 그림들로 채워질 즈음에는 학원에 가면 뿌듯하게 스케치북을 한 번씩 훑어보곤 했다. 신기하게도 나의 시선이 가장 오래 멈춰 있는 그림은 바로 데생으로 그린 것들이었다. 진짜 필요한 선 하나를 찾아내기 위해 수많은 선을 긋고 지우던 기억에 다음 페이지로 쉽게 넘어갈 수 없었다. 초반에는 연필을 너무 세게 쥐어서 지워 낸 선들의 흔적이 남아 있기도 했다. 무수한 실패의 선들이 완전해 보이는 그림 속에 여전히 보존되고 있었다.

시저의 얼굴에 자리 잡은 흉터는 그동안 그가 지나온 길을 가리키고 있다. 상처가 흉터로 바뀌는 동안 시저는 자신만의 규칙을 세웠을 것이다. 시저의 얼굴에 있는 흉터는 평생 사라지지 않을 것이다. 하지만 그 색깔은 점점 밝은 빛을 띠게 된다. 이는 과거의 모습도 자신임을 인정하며 기꺼이 자신에게 찾아온 변화를 받아들일 줄 아는 모습을 잘 보여 준다. 그의 얼굴 속에는 실패와 성공이 모두 담겨 있다는 점에서 우리 삶의 모습이 겹쳐진다.

"계절은 계속 바뀔 것이고 조금씩 변화할 나의 숲을 기대해 본다."

시저가 작은 알들을 부화시켜 새들을 키운 건 그의 인생에서 변곡점이 되었다. 자신의 규칙을 어기기 위해 끊임없이 이유를 만들어 내는데, 그것은 합리화라기보다는 자신의 변화를 수용하기 위한 과정으로 보인다. 자신의 변화에 적응해 나갈 수 있다는 건 더 곧고 단단한 사람이 되었음을 의미한다. 사실 우리가 살아가는 세상은 빠르게 변하면서도 수많은 암묵적인 규칙들을 품고 있다. 다들 고등학생 때는 자기가 가고자 하는 대학이 있고, 대학을 졸업할 때는 일하고 싶은 회사가 있다. 모두가 저마다의 나무를 심어 숲을 이루고 사는 것 같다. 아직 있을 곳을 정하지 못한 나는 자꾸만 벽에 가로막히는 기분이 들었다. 내 숨의 길이는 꽤 느릿해서 다른 사람들처럼 물 흐르듯 살아갈 순 없었다.

빠르게 결단을 내리지 못하고 계속 고민하는 사람들을 답답해하는 사람이 많은 만큼, 나 또한 망설임과 머뭇거림은 그다지 좋은 게 아니라고 생각했다. 하지만 《시저의 규칙》은 잠깐의 망설임이 가져올 수 있는 커다란 변화를 보여 준다. 인생에서 망설이고 주저하는 순간들이 변화와 성장의 계기가 될 수 있다는 것에 위안을 얻었다. 이제는 나의 느린 속도가 마냥 나쁜 현실이라고 생각하지 않는다. 나는 지금 내 규칙을 찾아가는 길에 있을 뿐이다. 성급하게 규칙을 정했다가는 시저처럼 숲에서 어떤 소리도 내면 안 된다는 터무니없는 규칙을 세울지도 모른다. 나는 모든 것들을 선택하기 전에, 내가 진심으로 선택하고자 하는 것들의 기준을 만들어 나가는 중이다. 어쩌면 나는 이미 변화에 적응 중인지도 모르겠다.

작가는 아버지가 물려주신 멋진 의자를 '가장의 의자'라고 부르며 자기만 앉을 수 있게 했다고 한다. 어느 날 딸이 그 의자에 앉은 것을 보고 자신이 화를 내자, 딸은 정말 이상한 규칙이라며 눈물을 보였다고 한다. 이때 작가는 자기 안의 꼰대 근성을 반성하며 《시저의 규칙》을 펴내게 되었다. 우리는 모두 나는 시저가 아니라고 생각하며 살아간다. 하지만 우리는 누구든지 시저가 될 수 있다. 그렇기에 스스로 만든 자기만의 규칙과 우리 사회의 규칙들을 의심하는 과정이 필요하다.

규칙을 바꿀 수 있는 건 오직 강자의 몫처럼 보일 때도 있다. 강자들이 가진 중심적인 특성들은 누군가를 가장자리로 밀어냈을지도 모른다. 하지만 약자들은 오히려 가장자리에 있기 때문에 몸을 돌리지 않아도 다른 모서리들을 볼 수 있다고 생각한다. 사회가 정한 규칙에는 언제나 틈이 있기 마련이고, 이 작은 틈은 때로는 큰 균열을 초래한다. 규칙을 바꿀 수 있는 건 결국 그것이 잘못되었음을 알아차리는 이에게 달려 있다. 가장자리는 그들이 칠해 가는 것이니 언젠가는 그 붓이 중심까지도 닿을 날이 오리라 믿는다.

(자본주의)

대가 없는 친절

김효정

《성냥팔이 소녀 알뤼메트》
토미 웅거러 글·그림, 이현정 옮김, 초록개구리, 2011.

대학생 때 부모님과 열흘간 바르셀로나를 다녀왔다. 유럽에서는 동양인에 대한 인종차별과 소매치기를 당할 위험이 많다는 이야기를 들어서인지 어느 정도 긴장되는 마음으로 가게 되었다. 걱정과는 다르게 내가 만난 사람들은 모두 친절했다. 눈이 마주치면 나에게 웃어 주는 사람들도 있었다. 하지만 그렇게 즐겁게 여행을 하던 중 나 홀로 하루 먼저 한국에 돌아가야 한다는 것을 알게 되었다. 부모님이 표를 예매하시며 남는 표가 없어서 나는 혼자 먼저 입국해야 한다고 하셨는데, 당시에 내가 잠결에 들어서 기억하지 못했다. 유럽 여행은 처음이었기에 다시 긴장하며 홀로 공항으로 가는 버스를 탔다. 내 몸이 들어갈 정도로 큰 캐리어를 짐 고정대에 올려놓는 것부터 고비였다. 반동을 이용해 반쯤 들어 올렸지만, 너무 무거워 다시 내려놓을 수밖에 없었다. 하지만 내가 다시 한번 힘을 주기도 전에 한 외국인이 다가와 올려 주었다. 혹시 몰라 밀리터리 문양의 티셔츠까지 입었던 나 자신이 우스워지는 순간이었다. 이후로도 수많은 친절을 받으며 한국으로 무사히 돌아올 수 있었다. 이때의 기억은 따뜻하게 남아 누군가가 나에게 모르는 길을 물어도 적극적으로 알려 주게 되었다.

처음에 나는 왜 그렇게 긴장하고 여행에 임하게 되었을까? 아무래도 이방인의 입장으로 나와 다른 인종을 만난다는 생각이 나를 그렇게 만든 것 같다. 한편으로는 나를 환대한 유럽 사람들의 마음이 궁금하기도 했다. 자본주의 사회에서 대가 없는 친절이 존재하는지 의심스럽기 때문이다. 어쩌면 내가 그들의 소득 증대에 기여하는 '돈을 쓰는 외국인'이기 때문이 아닐까 싶었다. 여행하고 나니 현대사회에서 외국인에 대해 가지는 거부와 혐오의 원인이 이제는 민족이나 인종의 차이에 머물지 않는다는 생각이 들었다. 뉴스를 봐도 외국인에 대한 냉정한 거부는 대부분 가난한 사람들에게 일어난다. 유럽은 오랫동안 정치적 난민의 위기가 고조되고 있고, 영국은 난민 수용을 거부하고 2020년 브렉시트^{Brexit}를 통해 자국을 보호했다. 미국에서는 도널드 트럼프가 제45대 대통령 선거 당시 멕시코 이민자들을 추방하고 멕시코 국경에 장벽을 세우겠다는 공약을 내세우기도 했다. 우리는 이미 무수한 가난 혐오를 일상에서 체험하고 있다. 현대사회에서 외국인은 가난할 때만 귀찮고 성가신 존재가 되는 게 아닐까. 가난에 대한 거부감은 낯선 존재에 대한 경계심을 넘어서는 또 다른 문제라고 생각된다.

《성냥팔이 소녀 알뤼메트》에서 알뤼메트가 지내는 곳은 망가진 건물, 쓰레기, 썩은 음식, 악취가 있는 곳이다. 이렇게 가난이 불러오는 이미지들은 혐오의 정서를 불러일으킨다. 가난을 대하는 사람들의 수많은 태도 속에는 혐오가 뿌리박혀 있다. 교환경제 사회에서 주고받을 것이 없는 가난한 사람들에 대한 혐오의 시선은 인간에 대한 존중을 뒤흔들고 있다. 내가 무언가를 줄 때 가난한 상대방이 되돌려주지 못한다면, 그 가난한 사람에게 거부감을 갖는다. 《성냥팔이 소녀 알뤼메트》의 라크루트 부부나 길거리 부자들의 모습만 봐도 가격이 아닌 존엄성을 가진 사람들에게 상처를 주지 않으려는 도덕적 동기는 너무나도 약하다는 걸 알 수 있다.

"꽃을 팔든가, 차라리 라이터나 팔 것이지! 요즘 누가 성냥을 산다고!"

부자들의 말에는 당신보다 내가 낫다는 우월감이 담겨 있다. 자신이 알뤼메트보다 더 많은 것들을 알고 있고, 좋은 방향을 제시한다는 오만함이 느껴진다. 자본주의 사회에서 혐오라는 정서 속에는 내가 좀 더 잘산다는 우월의식이 섞일 수밖에 없나 보다. 이는 자칫 가난을 혐오하는 부자들의 입장을 옹호하는 것처럼 보이기도 한다. 라이터를 쓰는 시대에 홀로 성냥을 파는 모습에서는 현실을 극복하려는 의지가 느껴지지 않기 때문이다. 하지만 어쩌면 이를 통해 작가는 가난 혐오를 비판하며 더 나아가 가난 그 자체를 정당화하려는 것인지도 모른다. 이어지는 내용에는 반전이 나타난다. 작가는 욕망이 가득한 세상에 대한 심판을 가난한 존재에 대한 구원으로 그렸다. 기적을 경험한 뒤에 알뤼메트는 세상의 가난을 구원하기 위해 애쓰는 인물로 변화한다. 작가는 인간의 본성에 대해 냉소적으로 바라보는 것이 아니라 따뜻한 의심을 품고 있다는 생각이 든다.

"중요한 것은 모든 게 결국 잘되었다는 거예요."

알뤼메트는 하늘에서 떨어지는 선물더미를 받았지만, 기적이 어떻게 일어났는지에 대한 설명은 중요하지 않다고 말한다. 소녀의 말과 행동은 인간이 가져야 할 서로에 대한 책임을 보여 준다. 이는 독자에게 인간이 과연 신 없이도 종교적일 수 있을지를 생각해 보게 만든다. 알뤼메트는 그 무엇보다 종교적인 사건을 만들어 냈다. 한 개인이 소외된 다른 사람들을 못 본 척하지 않겠다는 결심을 보여 주었기 때문이다. 소녀는 신이 아니라 서로에 대한 의무 없는 책임감을 느껴야 한다는 생각을 믿게 된 것으로 보인다. 이는 곧 대가 없는 도움을 의미한다. 알뤼메트는 도움을 받아야 하는 입장에서 도움을 주는 입장으로 변화한다. 나는 그동안 누군가에게 도움을 준다는 건 곧 그 관계에서 우위를 점하는 것과 같다고 생각했다. 가난하던 알뤼메트 또한 부자가 되자마자 약자들을 돕는다. 하지만 소녀는 남을 도우면서 심리적인 우위를 점하려던 게 전혀 아니라는 생각이 든다. 소녀는 대가를 바라고 물건들을 나눠 준 게 아니라, 자신이 힘들어 봤기에 그 고통을 알아주고 덜어 주려 한 것이기 때문이다. 나는 왜 사람들의 순수한 선의를 믿는 게 어려운 건지 돌아보게 되었다.

원작인 안데르센의 《성냥팔이 소녀》에서는 사람들이 소녀의 죽음을 보고 자신들의 무관심을 뉘우친다. 반면에 《성냥팔이 소녀 알뤼메트》에서는 소녀의 자선 활동을 보고 사람들이 바뀌기 시작한다. 작가는 이를 통해 인간의 변화 가능성에 대한 새로운 시각을 제시하고 있다. 유럽 여행을 하며 타지에서 받을 친절은 전혀 기대하지 않던 내가 뜻밖의 도움을 받고 변한 것처럼 말이다. 인간은 나약한 존재이기 때문에 어쩌면 지금보다 더 나아진다는 희망이 있어야만 움직이는지도 모른다. 작은 친절이라도 언제나 새롭고 놀랍게 다가오기에 인간은 쉽게 변화할 수 있는 것 같다.

> 자본주의

돈보다 더 중요한 것들

신미성

《포르투나토 씨》
다니엘레 모바렐리 글, 알리체 코피니 그림, 황연재 옮김, 책빛, 2019.

한국은 투자 열풍의 시대를 맞이하고 있다. 역설적이게도 경제우기를 몰고 온 코로나19가 주식 투자의 촉매제가 되었다. 주식 투자에 대한 관심이 그 어느 때보다 높아진 요즘, 주식을 하지 않는 사람을 찾는 것이 더 어려워졌을 정도다. 또한 우리 부부처럼 주식 투자에 입문한 젊은 부모들은 어린 자녀의 주식에도 많은 관심을 보이고 있다.

　며칠 전 시어머니께서 재테크의 여왕이라 소문난 방송인 현영에 대해 이야기를 하셨다. TV의 한 프로그램에서 현영의 딸 다은 양이 열한 살의 어린 나이에도 불구하고 뛰어난 경제관념을 지닌 모습에 감탄을 금치 못하신 것이다. 요즘의 젊은 부모들은 자녀의 경제교육도 잘 시킨다며 현영을 칭찬하는 시어머니의 말씀에 조금은 부담감이 느껴졌다. 사회가 요구하는 엄마로서 그리고 부모로서의 역할이 점점 더 많아지는 것 같다는 생각이 들었기 때문이다. 어머님이 보신 프로그램은 <자본주의학교>라는 프로그램이었다. 일곱 살에 주식을 시작했다는 다은 양은 아침에 눈을 뜨자마자 주식창부터 켰고, 일상에서도 두 모녀의 주식 관련 대화가 끊이지 않는 모습이었다. 심지어 다은 양은 동생의 생일선물로 디즈니 주식을 선물했다고 한다. 시청자들은 이러한 다은 양의 모습에 똑똑하다며 찬사를 보냈고, 많은 부모들이 현영과 같은 부모가 되고 싶어 했다.

어느덧 우리 아이들에게 경제교육은 필수가 되었다. 언젠가부터 각종 매체는 돈이나 주식, 재테크와 관련된 내용들로 가득해지고 있다. 그러나 그 어떤 것보다 나의 눈길과 마음을 강하게 사로잡은 책이 있다. 그 책은 바로 2021년에 출간된 《돈보다 더 중요한 것들: 경제학자의 행복 수업》이라는 책이다. 평생 '돈'을 연구해 온 전 세계적 베스트셀러 작가인 하노 벡이 썼으며, 경제학자의 시선으로 '행복'에 대해 연구한 내용이 담겨 있다.

흥미롭게도 하노 벡이 276페이지를 통해 전하고자 한 메시지가 단 32페이지로 표현된 《포르투나토 씨》라는 그림책이 있다. 간결한 글과 그림을 통해 철학적인 질문을 던지는 이 작품은 소유하는 삶과 존재하는 삶에 대해 이야기한다. '포르투나토'는 '행운이 있는'이라는 뜻의 이탈리아어다. 앞표지의 가운데에는 주인공이 그려져 있고 다이아몬드, 왕관 등 값비싼 물건들이 주인공을 둘러싸고 있다. 앞표지에서부터 주인공이 '포르투나토'라는 이름을 달기에 충분한 사람이라는 생각이 들게 한다.

본문 속에 묘사된 그의 집은 상상 이상의 호화로움을 보여 준다. 방이 너무 많아 길을 잃을 정도고 지하에는 스케이트장과 스키장, 다락방에는 열대 정글도 있다. 초인종은 무려 오케스트라가 대신한다. 그러나 그는 이렇게 많은 것들을 소유하고 있으면서도 작은 물건 하나에도 엄청난 집착을 보인다. 그는 다양한 탈것들을 가졌지만 매일 빨간색 스포츠카만 탔는데, 수많은 모자 중 하나가 날아가는 사건을 계기로 그에게 이상한 일이 일어나기 시작한다. 온종일 모자를 찾아 헤매다 풀밭에 쓰러져 잠든 그는 이튿날 자신의 몸이 매우 느리게 움직이는 것을 느낀다. 마침내 잃어버린 것은 찾았지만 유리창에 비친 자신의 모습에 깜짝 놀란다. 등에 등 껍데기가 생겨 버린 것이다. 그로 인해 일상에서 아무것도 할 수 없게 된 그는 실의에 빠져 공원에 앉았고, 마치 달팽이가 된 듯 양배추를 갉아 먹기 시작한다. 바로 그때 공원에 있는 사람들을 바라보며 지금까지 보지 못했던 모습들이 그의 눈에 들어온다.

"무엇보다 살아 움직였어요. 서로 어울려 웃고, 울고, 안고, 소리치며 뛰어놀았어요."

물질만 중시하며 살아온 그의 시선이 처음으로 사람들을 향하기 시작한 것이다. 그 순간 비가 내렸고 따뜻한 집이 그리워진 그는 아주 천천히 자신의 등 껍데기 속으로 들어갔다.

"오로지 자신만을 위한 곳, 가장 소중한 자기 자신 속으로."

비록 그의 자세는 불편해 보이지만 마지막 장면에서의 표정은 매우 편안해 보인다.

《포르투나토 씨》는 소유하는 삶에 매몰된 주인공을 통해 행복은 '소유'가 아닌 '존재'에 있다고 말하고 있다. 사람과의 관계를 통해 살아가는 우리의 존재에 대해서 말이다. 《돈보다 더 중요한 것들: 경제학자의 행복 수업》에서 하노 벡이 결론적으로 전하고자 한 메시지 또한 같다. 가까운 사람과 함께 시간을 보내고, 사람들과 어울려 함께 일하고, 그들과 감정을 공유하는 경험이 돈보다 더 중요하다는 사실이다. 하노 벡은 돈이 사람의 행복에 기여하는 것은 사실이지만 돈을 통해 행복해지는 것에는 분명한 한계가 있다는 것을 지적한다. 연 소득이 높아질수록 행복감이 증가하지만 일정 금액 이상이 되면 행복감이 더 이상 커지지 않는다는 유명한 연구결과도 있듯이 말이다.

또한 이야기 속 '등 껍데기'는 오늘날의 '케렌시아^{Querencia}' 개념을 떠오르게 한다. 스페인어인 이 단어는 안식처, 피난처를 의미하며, 투우 경기 중 소가 위협을 피해 잠시 쉬는 곳을 말한다. 최근에는 지친 현대인들에게 자신만의 휴식공간을 찾는 현상을 뜻하는 말로 사용되고 있다. 자신이 가진 모든 것을 잃고 안정을 위해 들어간 등 껍데기는 포르투나토 씨만의 케렌시아 공간인 것이다. 이는 물질적인 것들을 버리고 자연 속으로 들어가는 사람들이 많아지는 오늘날의 현상 또한 떠오르게 한다.

얼마 전 한 블로그에서 곧 초등학교에 입학하는 아들을 둔 엄마의 고민을 보았다. 아이의 경제교육을 위해 돈의 개념을 알려주었더니 아이가 세상을 돈으로만 바라보게 된 것 같다는 장문의 글이었다. 그 글의 댓글에는 자신들도 같은 고민을 겪고 있다며 공감하는 사람이 많았다. 앞에서 이야기했던 현영도 어린 연령의 자녀에게 경제교육을 해 왔는데, 사실 일곱 살의 시기에 경험해야 할 일들을 뒤로하고 아침에 일어나 주식창을 본다는 그녀의 딸의 모습이 마냥 좋아 보이지는 않았다.

〈자본주의학교〉에서 현영 모녀가 보여 준 모습처럼 자본주의 현대사회에서 살아남을 수 있고, 나아가 자신과 더불어 다른 사람들에게 도움을 줄 수 있는 능력 있는 사람이 되는 것은 중요하다. 그러나 부모로서의 우리는 돈과 물질적인 것보다 중요한 것들, 즉 가족이나 사람들과의 관계와 같이 돈으로는 살 수 없는 중요한 삶의 가치들에 대해 먼저 알려 주는 일을 반드시 선행해야 할 것이다.

변화하는 환경 속에서 내가 얻고자 하는 것

김주아

《낙원섬에서 생긴 일》 찰스 키핑 글 그림, 서애경 옮김, 사계절, 2008.

인류는 계속해서 발전해 왔다. 인류에게는 발전을 향한 욕구가 있기 때문이다. 역사를 봐도 인류는 항상 앞으로 나아갔다. 그러다 18세기 말에서 19세기 전반에 걸쳐 영국에서 처음으로 시작된 산업혁명은 인류의 삶을 순식간에 바꿔 놓았다. 이제는 4차 산업혁명의 시대로 인공지능(A.I.), ICT, 가상현실(VR) 등의 첨단기술이 발달하고 있다. 과거 한 나라가 쇠퇴하고 새로운 왕조가 세워지는 것도 발전을 향한 인류의 움직임이었다고 볼 수 있다. 혁명을 거쳐 새로 건국된 나라는 시간이 지나 또다시 부패하고 쇠퇴하기 일쑤였고, 이를 전복시키는 움직임은 여러 국가에서 공통적으로 볼 수 있는 역사의 흐름이었다. 현대사회에서 유행이 돌고 도는 이유도 비슷한 원리일 것이다. 창조의 욕망이 내재된 인류는 더 편안하고 더 편리하고 더 좋은 것을 추구하기에 지겹고 따분한 것을 견디지 못하는 것 같다.

인간이 살고 있는 물리적 세계의 질서를 설명하는 법칙 중 열역학 제2법칙인 엔트로피 법칙이 있다. 이 법칙은 모든 현상이 언제나 엔트로피가 증가하는 방향, 즉 질서에서 무질서의 방향으로 흐른다는 이론이다. 모든 것은 시간이 지날수록 무질서해지고 쇠퇴해 가기 때문에 '발전'은 숙명과도 같은 것이다. 그렇기에 도시화가 진행되는 것을 막기는 어렵다. 아무리 붙들고 늘어져 봐도 발전의 방향을 거스를 수 없기 때문이다. 발전의 부작용으로 현대사회에 환경오염이나 빈부격차 등의 문제들이 많이 나타났지만 발전 자체는 유익한 면이 많다. 도시화가 진행되고 기술이 발전하면서 확실히 우리의 생활양식은 편리해지고 편안해졌다. 그렇기에 더 편한 세상을 만들기 위한 욕망은 세상을 발전시키는 동기가 되기도 한다. 하지만 자세히 들여다보면 발전에 대한 이슈에는 각자의 이해관계가 얽혀 있는 경우도 많다. 반드시 공익적인 차원에서만 이루어지는 것이 아니다. 어떠한 욕망이든 인류의 발전은 '욕망'에 근거해서 이루어졌다고 해도 과언이 아닌 것이다.

우리 할머니 댁은 안동시의 한 시골에 위치해 있다. 약 500년 정도 된 한옥집인데, 원래는 '지례'라는 지역에 있었다. 그곳은 자동차보다 비행기를 먼저 볼 정도로 들어가기가 쉽지 않은 외진 곳이었다. 그런데 어느 날 댐을 건설하게 되면서 그곳이 수몰 예정 지역이 되었고, 안동시에서는 집을 그대로 뜯어 옮긴 후 지역 문화재로 지정했다. 나도 아주 어릴 적에 그곳에서 찍은 사진이 있다. 아버지나 할아버지들은 그곳을 종종 그리워하셨다. 집을 통째로 옮겼다고 해도 예전의 그 집의 분위기가 아니고, 심지어 대문의 방향을 이상한 쪽으로 옮겨 두어서 뒷문을 대문처럼 사용하고 있기 때문이다. 그곳이 그리우셨던 몇몇 할아버지들은 수몰된 곳을 바라보는 위치에 잠들어 계신다. 나도 몇 번 성묘를 하러 간 적이 있다.

　대학교에 다닐 때 광장이 하나 있었다. 그곳에서 학우들과 모여 게임을 하기도 하고 둘러앉아 기타를 치며 노래를 부르기도 했다. 밤에 만나서 야식을 먹기도 했고 낮에는 풀밭에 앉아 하늘을 보기도 했다. 그런데 그 자리에 새로운 건물이 들어섰고, 추억의 광장은 역사 속으로 사라졌다. 사진과 함께 그 시간을 함께 공유했던 우리들 기억 속에만 남아 있게 되었다. 발전을 이루는 현실 속에서 우리가 마음을 두고 흔적을 남겼던 곳이 사라져 가는 상황을 종종 만나게 되는 것 같다.

　《낙원섬에서 생긴 일》의 애덤도 그런 상황을 만났다. 자신의 고향인 '낙원섬', 행복한 기억이 가득한 그곳이 개발되기 시작했다. 무질서를 참지 못하는 육지의 시의원들은 작은 섬인 '낙원섬'을 난장판이라 생각했고, 많은 논의 끝에 유료 고속도로 공사를 진행해 그 섬을 개발하기로 했다. 골칫거리였던 낙원섬을 개발하면서 돈벌이도 되니 일석이조였던 것이다. 인간의 욕망은 '기쁨의 정원'인 '낙원섬'에 변화의 바람을 가져왔다. 이 문제를 둘러싸고 네 가지 부류의 사람들이 등장한다. 자신의 이익을 위해 발전에 앞장서거나 따라가는 사람들, 변해 가는 환경 속에서 자신들이 지키고 싶은 것을 위해 작은 일이라도 하는 사람들, 아무것도 하지 않고 비판만 하는 사람들, 그리고 아예 관심이 없는 사람들이다. 자신의 이익을 위해 개발을 추진하고 동의하는 사람들은 시의원들과 육지 '점방 거리'에 새 보금자리를 약속받은 가게 주인들, 그리고 다리를 이용하는 자동차와 트럭 운전수들이다. 욕망과 이익의 크기는 달라도 자신에게 이점이 있기 때문에 개발에 찬성한다. 변하는 환경 속에서 지키고 싶은 것을 지켜 내려는 사람들은 다리 건설로 속이 상한 애덤, 아이들, 바르다 할아버지와 벌리 할머니다. 이들은 습지에 자신들만의 놀이터를 만들고 '낙원'을 이어 간다. 비판만 하고 아무것도 하지 않는 사람들은 버니와 위니다. 이 두 사람은 매번 비판만 하는 사람들이다. 그리고 관심이 없는 사람들은 앞에서 언급한 사람들을 제외한 대다수의 사람들이다. 이들은 낙원섬의 존재조차 모른다.

"결과를 놓고 보면, 사람들은 저마다 뭔가 하나씩은 얻은 셈이 되었습니다."

"낙원섬은 관계된 사람들 모두에게 각별한 의미가 있었습니다. 물론 버니와 위니는 빼고 말이죠."

낙원섬과 관계가 없는 무관심한 사람들을 제외하고 세 부류의 사람들 중 비판과 반대만 했던 버니와 위니를 제외한 모두는 크고 작든 하나씩을 얻어 갔다. '비판의 욕망', '현상유지 욕망'을 제외한 다른 욕망들은 어떤 모양으로든 채워진 것이다. 그저 현상유지를 하고 싶어서 비판하는 것은 어떠한 수확도 거두지 못하게 하나 보다. 애덤 역시 다리 건설을 찬성하는 입장은 아니었지만, 뜻이 맞는 사람들과 함께 작은 일을 벌였다. 자기가 지켜 내고 싶었던 '기쁨'을 지키기 위해서 말이다. 애덤도 변해 가는 낙원섬을 바라보며 현상유지만을 바랐다면, 뜻이 맞는 사람들과 함께 하지 못했다면 습지의 놀이터를 만들 수 없었을 것이다. 개발 이전, 상인들이 소개될 때에는 다채로운 색상으로 채색되어 있는데 반해, 개발된 이후에는 단색으로만 채색되어 있다. 각 상점의 특색이 사라지고 개발로 인해 정제되고 표준화된 현상을 보여 주는 듯하다. 그럼에도 그들에게 그곳은 낙원^{Paradise}으로 느껴지나 보다. 어쨌든 각자 무엇이라도 하나씩 얻었다는 점을 부각시키며 이야기는 마무리된다. '개발'이라는 이슈가 매우 복잡하고 유기적인 요인들이 얽혀 있기 때문에 단순히 찬성과 반대 이분법으로만 생각하기에는 어려움이 있다는 것을 보여 주는 것 같다.

앞으로도 세상은 수많은 이해관계 속에서, 각자의 끝없는 욕망의 소용돌이 속에서 변해 갈 것이다. 그 흐름을 막을 수는 없기에 이 흐름 속에서 스스로에게 질문을 던져 보아야 한다. 나는 어떤 욕망을 바라보고 움직이는가? 내가 추구하는 행복은 무엇인가? 돈인가 삶의 편리함인가, 아니면 작지만 소중한 나만의 신념이자 가치관인가? 어떤 행복을 추구하든 그것을 향해 움직이기만 하면 그 행복과 관련된 무언가를 얻게 된다. 내가 움직이는 방향은 어디인가?

도시화

편리함 속에서 놓치는 것들

김주아

《작은 집 이야기》
버지니아 리 버튼 글·그림, 홍연미 옮김, 시공주니어, 1993.

지인이 일 때문에 일주일에 2~3일은 서울에서 지내고, 나머지는 동해안 섬에서 지내고 있다. 오랜 시간 지내고 올라오는 것도 아닌데 서울에 올 때마다 갑갑함과 압박감을 느끼고 스트레스를 받는다고 했다. 그리고 생각보다 섬에서의 생활이 굉장히 만족스럽다고 했다. 그 이야기를 들으니 도시생활에서 느끼는 스트레스에 우리가 얼마나 익숙해져 있는지를 실감하게 되었다. 의식하지 못하더라도 우리는 도시가 주는 편리함을 누리는 동시에 압박감과 스트레스에 적응해 살고 있는 것이다.

마즈다 아들리는 자신의 저서 《도시에 산다는 것에 대하여》에서 도시 거주자의 뇌가 시골 거주자의 뇌보다 더 스트레스에 민감하고, 현재 거주하거나 성장한 도시의 규모가 클수록 스트레스 민감도가 높아진다고 했다. 또한 대도시에서 유년 시절을 보낸 사람은 조현병과 같은 정신질환에 걸릴 위험도 높다고 한다. 도시는 소음과 빛 공해, 오염 등의 문제뿐만 아니라 사회적 공존을 통해 겪는 스트레스가 많을 수밖에 없다는 것이다. 실제로 최근 환경심리학 저널에 게재된 연구 중 영국 더비대학교에서 법의학 심리학자들이 영국인 500명을 대상으로 한 연구가 있다. 연구 결과, 반사회적 성격의 세 가지 특성인 마키아벨리즘, 나르시시즘, 사이코패스적 성격 특성이 지배적인 사람들은 자연과 긍정적으로 상호작용하는 모습이 거의 나타나지 않았다고 한다. 연구를 주도한 딘 피도 박사에 의하면 사이코패스적 성격 특성이 의학이나 군 분야에서 종사하는 사람들에게서 두드러지게 나타난다. 이는 스트레스 강도가 높은 상황 속에서도 냉정함과 침착함을 유지하고 감정에 흔들리지 않고 판단을 내려야 하기 때문이라는 것이다. 이러한 연구를 보면 스트레스가 높은 환경에 적응하고 살기 위해 우리가 어떻게 변화되고 있을지 어느 정도 가늠해 볼 수 있다.

《작은 집 이야기》는 전원생활에 만족하던 튼튼한 작은 집이 점점 도시화가 되는 환경에서 어려움을 겪다가 다시 시골로 이사해 행복을 되찾은 이야기다. 의인화된 작은 집은 전원생활을 하며 데이지꽃과 춤추는 사과나무를 보는 것을 좋아했고 계절의 변화를 감상하는 즐거움을 느꼈다. 하지만 점차 마을이 개발되면서 도시가 되었고 아름답고 풍요롭던 자연 풍경을 더 이상 보지 못했다. 모든 장면이 다채로운 색상으로 그려진 데 반해 도시화가 진행된 장면들은 무채색이 주로 쓰였다. 도시가 된 마을은 작은 집이 좋아했던 아름다움을 잃었다. 그리고 시골과 도시가 다르게 채색된 것을 보면, 작가는 시골이었을 때에는 마차 같은 발명품을 포함한 모든 것이 세상에 생기를 불어넣었는데 도시가 되니 오직 바쁘게 움직이는 사람들과 교통기관들, 그리고 밤을 비추는 등불만이 활력을 주는 요인임을 표현하고 싶었던 것 같다. 인간의 발명품이 자연의 산물을 넘어설 때, 세상이 편리해질 수는 있지만 생기는 잃어버린다는 메시지로 들린다.

"이제는 언제 봄이 왔는지, 언제 여름이 왔는지, 언제가 가을이고 언제가 겨울인지 모릅니다. 일년 내내 사계절이 똑같은 것 같았습니다."

사계절의 변화도 더 이상 느끼지 못했다. 혼자가 된 작은 집을 둘러싼 세상은 완전히 변했고 작은 집이 추억하던 즐거운 추억은 더 이상 그 누구와도 공유할 수 없었다.

"작은 집은 초라한 꼴이 되고 말았습니다……. 벽이랑 지붕은 옛날과 똑같았는데도."

작은 집이 도시생활에서 재미를 느끼지 못하는 이유는 추억할 것이 사라졌기 때문이기도 하지만 변해 버린 세상과 맞지 않는 자신의 모습 때문이었을지 모른다. 작은 집은 달라진 것이 하나도 없었지만 상대적으로 초라한 모습이 되었다. 빠르게 변하는 세상 속에서 상대적 박탈감은 짙어지고, 그렇게 자신을 지켜 내기는 더욱 어려워진 것 같다. 점점 거대한 빌딩 속에서, 화려한 도시 속에서, 분주한 사람들 속에서 빛을 잃어 가던 작은 집을 누군가가 알아보았다. 그 집을 지은 주인의 후손이었다. 덕분에 작은 집은 새로운 곳으로 이사를 가게 되었는데, 처음에는 두려웠지만 점점 기대한다. 이는 작은 집이 춤추듯 배치한 글 텍스트를 보면 알 수 있다. 새로운 시골에서 새로운 주인을 만나 아름다운 자연 속에서 행복을 되찾은 작은 집의 모습으로 이야기는 마무리된다.

만약에 그 후손이 작은 집을 다른 곳으로 옮기지 않고 복고풍 분위기의 카페로 리모델링 했다면 작은 집은 도시생활에 재미를 붙이고 적응할 수 있었을까? 작은 집이 그리워했던 것은 자연에서 발견했던 아름다움이었기 때문에 도시생활에 적응했더라도 만족하지 못했을 것 같다. 누군가는 세상이 발전하는 만큼 빠르게 적응하며 앞으로 나아가야 한다고 말한다. 그런데 반드시 변해 버린 세상에 나를 맞춰야 할까? 아니면 내 모습에 맞는 곳을 찾아가도 되는 걸까? 둘 다 정답이 될 수 있다. 변화된 세상에 나를 맞추어 가는 것이 가치가 있다고 믿는다면 그렇게 나아가면 되고, 반대로 세상에 맞추기보다 나에게 어울리는 곳을 찾아 그곳에서 살아가는 것에 가치를 둔다면 이 또한 방법이 될 수 있다. 발전하는 세상에 맞추지 않으면 도태되지 않을까 하는 생각 때문에 두려움이 생기기도 한다. 하지만 작은 집이 새로운 시골에 갔더니 자신을 돌봐 주는 새 주인을 만났던 것처럼 변화된 세상을 선택하지 않아도 함께 살아갈 수 있는 공동체가 존재하고 누릴 수 있는 기쁨이 분명히 있다.

작은 집이 상대적으로 초라해졌듯이 다른 도시가 발전하면 우리 동네는 그 도시와 비교해서 낙후된 것처럼 느껴질 수 있다. 세상이 발전할수록 내가 가진 것이 상대적으로 초라해지기 쉽다. 우리는 자꾸 내가 가진 것과 내가 갖지 못한 더 좋은 것을 비교하게 되기 때문이다. 그래서 더 좋은 것으로 업그레이드를 하고 싶어진다.

발전은 좋은 것이다. 더 나은 것을 향해 나아가는 것 자체는 긍정적인 방향이다. 그런데 발전하는 것만이 우리가 살아가는 이유가 될까? 발전을 향해 달리다가 놓치는 것은 없을까? 과유불급(過猶不及)이라는 말이 있듯이 무엇이든 지나치면 부족한 것단 못하다. 진보와 도약으로 인한 편리함 속에서 우리가 놓치고 있는 것이 있음을 잊지 않았으면 좋겠다. 우리가 살고 있는 세상의 활력은 발전만으로 이루어지지 않는다. 반드시 지키고 유지해야 하는 경계가 있다. 따라서 도시의 발전 자체를 막을 수는 없지만 지나친 개발은 자연을 훼손하게 된다는 점에서 '개발의 마지노선'을 결정할 필요가 있을 것이다. 그 마지노선은 어디일까? 사회가 함께 고민해 봐야 하는 문제다.

도시화

도시는 할머니들이
지내기에 아주 좋은 곳

신미성

《도시에 사는 우리 할머니》
로렌 카스티요 글 그림, 이상희 옮김, 재능교육, 2015.

<나는 자연인이다>라는 TV 프로그램이 있다. 2012년부터 방영한 이 프로그램은 많은 이들에게 '은퇴 후 자연인'이라는 꿈을 심어 준 매우 인기 있고 영향력 있는 프로그램이다. 이 프로그램은 자연 속에 살고 있는 사람들을 찾아가 현대인들에게 힐링과 진정한 행복의 의미를 전하는 것을 목적으로 한다. 어린 시절을 시골에서 나고 자라셨던 우리 아버지도 손주가 생기기 전인 작년까지만 해도 매일같이 '자연인'의 삶을 살고 싶다고 이야기하시곤 했다.

실제로 많은 이들이 귀농 또는 귀촌을 행동으로 옮겼다. 그리고 그 과정과 모습들이 TV나 유튜브에서 많이 다루어졌다. 그러나 남아 있는 도시인들에게 부러움의 대상이 되었던 그들은 뜻밖의 모습을 보여 주기도 했다. 자연 속에서의 생활을 오래 견디지 못하고 다시 도시로 돌아온 것이다. 작년에 출간된 에세이《오십을 처음 겪는 당신에게》에도 이와 같은 사연을 지닌 사람이 등

장한다. 그는 퇴직 후 도시를 떠나 시골의 전원주택단지로 이주했다. 수많은 약속과 만남, 잦은 술자리에 지쳤던 그는 한적한 자연에서 인생의 후반을 멋지게 살리라 다짐했다. 처음에는 세상을 모두 가진 것 같았으나 그 행복은 채 1년도 가지 못했다. 무엇보다 그는 무료했고 사람 사는 맛이 나지 않았다고 한다. 고대했던 시골살이였지만 직접 살아 보니 자신의 본성은 화려하고 떠들썩한 도시를 좋아하고, 사람과의 만남을 즐기는 사람임을 깨달은 것이다. 결국 그는 다시 도시로 돌아왔고 그 기쁨은 이루 말할 수 없었다고 한다.

 이처럼 도시는 그리웠던 자연을 이길 만큼 매우 큰 매력을 지닌 공간이 되었다. 《도시에 사는 우리 할머니》에는 도시의 아파트로 이사한 할머니가 주인공으로 등장한다. 보통 할머니가 사는 곳을 배경으로 한 그림책은 시골을 소재로 한 경우가 많다. 그러나 《도시에 사는 우리 할머니》에는 도시가 낯선 손자에게 도시의 매력을 알려 주는 세련되고 자주적인 할머니가 등장한다. 표지에서부터 할머니가 아주 멋쟁이임을 알 수 있다. 빨간 꽃무늬가 그려진 노란 코트에 빨간 깃털이 달린 까만 모자, 빨간 뿔테의 안경, 빨간 가방과 부츠를 신은 할머니의 밝고 화사한 의상은 가을 풍경으로 물든 도시의 분위기와 잘 어울린다. 그리고 헌사 페이지에 그려진 뉴욕 스카이라인을 배경으로 이야기는 시작된다. 도시의 한가운데서 할머니와 만난 아이는 반가운 마음도 잠시, 도무지 도시가 마음에 들지 않는다.

 아이의 눈에 비친 도시는 사람들이 빽빽한 지하철과 교통 소음이 가득한 거리, 무서운 낙서가 가득한 벽, 그리고 구걸을 하는 거지가 있는 곳이다. 아이는 이러한 도시가 할머니들이 지낼 만한 곳이 아니라고 생각한다. 이튿날 할머니는 도시를 무서워하는 아이를 위해 밤새 직접 뜬 빨간색 망토를 둘러 준다. 망토를 걸치면 도시가 무섭지 않을 것이라고 한 할머니의 말은 진짜였다. 아이는 산책하는 내내 씩씩하고 즐겁게 도시를 활보했고 도시의 특별함을 직접 경험한다. 처음 이곳에 왔을 때와 다름없이 복잡하고 시끄럽고 사람들로 가득했지만 아이의 마음은 완전히 달라졌다.

"도시는 복잡하고 시끄러운 곳이에요. 그리고 할머니들이 지내기에 아주 좋은 곳이지요. 내가 지내기에도 아주 좋은 곳이고요!"

내가 어렸을 때만 해도 방학이 되면 시골의 할머니 집에 놀러 가는 친구들이 많았다. 나는 도시에서 우리 가족과 할머니가 함께 살았기에 시골의 정취를 만끽하고 돌아온 친구들을 보며 부러워하곤 했다. 그러나 지금은 할머니, 할아버지가 도시에서 함께 사는 경우가 매우 많아졌다. 이와 관련된 2021년의 한 논문에서도 부모-자녀가 30분 이내 거리에 거주하는 경우가 시골보다 도시에 많다는 연구결과가 나왔다. 또한 자녀와 함께 사는 고령 부모의 평균 인원도 도시 지역이 더 높았다.

나의 경우에도 친정과 시댁이 모두 우리 집에서 10분 거리다. 내 아이에게 할머니, 할아버지는 자신이 살고 있는 공간과 같은 공간에 사는 사람들인 것이다. 앞에서 이야기한 것처럼 우리 아버지는 은퇴 후 '자연인'을 꿈꾸셨던 반면 어머니는 《도시에 사는 우리 할머니》처럼 도시를 매우 좋아하신다. 그리고 앞으로의 노년기에도 도시에서 살아가길 원하신다. 어머니는 며느리, 아내 엄마로서, 그리고 경제 활동까지 하시며 자기 자신은 잃은 채 늘 바쁘게 살아오셨다. 그리고 우리 남매가 다 자라난 지금에 와서야 어머니만의 인생을 조금씩 즐기고 계신다. 영어 배우기, 영화 보기, 쇼핑하기, 친구와 예쁜 장소에 가기, 요가와 마사지로 관리하기까지. 이 밖에도 다양한 것들에 적극적으로 도전하고 즐기신다. 코로나19 이후 많은 제약이 생겼지만 말이다.

자연에서 어린 시절을 보낸 우리 아버지와 어머니는 여전히 자연 속 삶을 틈틈이 갈망하신다. 그럼에도 우리 어머니는 오랜 기간 살아온 도시에서의 세월이 어머니의 삶에서 더욱 의미 있는 곳이 되었다. 이와 같은 우리 어머니와 《도시에 사는 우리 할머니》의 주인공 할머니를 통해 노년이 되면 모두 자연에서의 삶을 꿈꿀 것이라고 생각한 나의 고정관념을 벗어날 수 있었다. 또한 얼마 전 유튜브의 한 영상을 본 후 사람마다 자신이 원하는 곳이 다르며, 그곳은 정말 다양할 수 있다는 것을 느낀 적이 있다. 그 영상은 40대 부부가 모든 살림과 직장을 정리하고 고정된 거처 없이 여기저기 돌아다니며 여행하는 삶을 살아가는 내용이었다. 영상 속 부부의 모습에서는 그들이 택한 삶에 만족하는 것을 넘어서 진정으로 행복해하는 모습이 너무나도 잘 드러났다. 이러한 삶을 택하는 사람들도 있듯이 누구든 자신에게 맞는 삶을 택하고 자신이 원하는 곳에서 살아가는 것이야말로 진정한 행복일 것이다.

도시화

골목골목 따뜻함이 묻어나는 독산동

정수미

《나의 독산동》 유은실 글, 오승민 그림, 문학과지성사, 2019.

친한 언니가 독산동에 살고 있어 놀러 간 적이 있다. 독산동은 서울 그 어느 아파트단지와 별다를 게 없었다. 하지만 얼마 전 구로공단에 관한 기사를 읽고 놀랐다. "그곳이 그렇게 공장이 많은 동네였다니!" 궁금증이 생겨 독산동에 사는 언니에게 이것저것 물어보게 되었다. 언니는 어렸을 적 아버지의 회사 일로 지방에 있다가 서울로 처음 왔을 때 독산동에 공장이 조금이나마 남아 있었다고 했다. 그래서 어렸을 적 어머니가 부업으로 인형에 단추를 달거나 하는 일들을 도왔다고 했다. 독산동은 서울시 구로구와 금천구 사이에 위치한 곳으로 1980년대 수출산업공단으로 조성되었던 곳이었다. 하지만 2000년대 들어 산업구조가 바뀌면서 지금은 구로 디지털단지로 불린다고 한다. 이런 독산동의 이야기를 담은 그림책이 무엇이 있을까 찾아보다 《나의 독산동》을 발견했다.

《나의 독산동》 주인공 은이는 학교에서 받아쓰기가 아닌 답을 고르는 시험을 치른다. 시험문제는 "이웃에 공장이 많으면 생활하기 어떨까?"라는 문제였고 이에 대한 답은 ①번 매우 편리하다, ②번 조용하고 공기가 좋다, ③번 시끄러워 살기가 나쁘다 중 하나다. 은이는 ①번으로 답을 골랐지만, 은이의 담임선생님은 ③번이 답이라고 말하며 "공장이 많으면 시끄러워서 살기가 나쁘잖아. 이 동네처럼. 교과서에도 그렇게 나와 있다."고 답한다. 하지만 은이는 "이웃에 공장이 있으면 참 좋은데……"라고 생각하며 선생님의 의견에 의문을 가진다. 학교에서 집에 가는 은이의 시선을 통해 이웃에 공장이 있으면 좋은 점들을 보여 주고 있다. 승환이의 엄마 아빠는 공장에서 일하다가 아들이 하교하면 밥을 주고 숙제를 도와준다. 독산동에서는 집 앞에서 놀다가 다쳐도 집 근처 공장에서 일하던 엄마가 나와 상처를 치료해 줄 수 있다. 신나게 놀다가 아이스크림을 먹고 싶다면 아이스크림 공장이 바로 옆에 있어 사 먹을 수 있다. 할머니들이 부업으로 잘못 만든 인형은 아이들의 하나뿐인 인형이 되고, 만약 인형의 단추가 떨어져도 옆 단추공장에서 불량품 단추를 찾아내어 새로운 인형이 만들어진다. 은이는 이웃에 엄마 아빠가 일하는 공장이 있어 혼자 잠들어도 무섭지 않다. 집에 도착한 은이는 엄마 아빠에게 학교에서 있었던 시험에 관한 이야기를 털어놓는다. 이야기를 다 들은 은이의 부모님은 "우리 동네는 우리 은이가 잘 알지.", "이다음에 어른 될 때까지 이 시험지 잃어버리지 마라."라고 말하며 묵묵히 은이의 의견을 들어준다. 그리고 "공장이 많은 우리 동네는 참 좋다."라는 은이의 독백으로 이야기는 끝을 맺는다.

《나의 독산동》에서는 공장이 많은 동네에 대한 차별적인 시선을 선생님과 교과서를 만드는 사람들을 통해 보여 준다. 가족들의 넉넉한 경제적 지원을 받아 학업을 마친 사람들은 공장 근처의 삶에 대해 전혀 알지 못한다. 그저 "시끄러우니 살기가 나쁘다."라고 하며 공장이 많은 동네는 불편하고 시끄러우며 공기가 나쁘다고 겉으로 보이는 부분만 생각한다. 하지만 은이의 시선을 따라가다 보면 독산동 곳곳 이웃들의 따스함에 더 눈길이 간다. 독산동에서 이웃사촌이 된 이들은 서로의 아이들을 같이 챙겨 주고 마을공동체를 형성하며 따뜻한 모습을 보여 준다. 이는 현재 우리의 모습과 대비된다. 우리는 대부분 아파트에 살면서 문을 잠그고 이웃에 누가 살고 있는지도 모른다. 이렇게 아파트에 거주하는 형식으로 변하면서 층간소음이나 반려동물 문제, 쓰레기 분리배출 등 다양한 이웃 간의 분쟁이 늘어나고 있다. 잦은 이웃 분쟁으로 인해 정부에서는 결국 이웃 분쟁 조정센터를 설치했다고 한다. 하지만 이웃 간의 문제를 각 당사자가 대화로 해결하지 못하고 정부 기관을 이용해서 해결해야 한다는 사실에 씁쓸한 마음이 들기도 했다. 물론 나 같은 경우에도 층간소음 문제로 고통받은 적이 있고, 주차공간 부족으로 인해 놀이터를 주차장으로 바꾸는 공사를 보면서 아쉬워했던 기억이 있다.

하지만 아파트에 살면서 가장 아쉬웠던 점은 시간이 흐르면서 새로운 친구를 사귀기가 어렵다는 점이었다. 이런 부분에 불편함을 느낀 사람들은 동네 친구를 만들 수 있다고 홍보하는 앱을 이용하거나, 동네 인증이 필요한 앱인 당근마켓에서 모임을 만들어 활동하거나, 카카오톡의 오픈 채팅 방에서 각종 모임을 만들어 활동한다고도 한다. 또 각 지방자치단체에서는 "마을 활동가" 프로그램을 운영해 같은 동네 사람들을 묶어 주는 프로젝트를 한다. 이런 모임을 통해 운동, 봉사, 독서토론 등 다양하게 활동이 이루어진다고 한다. 하지만 나는 아직 새로운 사람을 인터넷으로 만나는 과정이 어색하고 아직 신뢰할 수 없다고 느껴진다. 그리고 동네 사람들을 만날 때 이런 프로젝트가 아닌 자연스럽게 만나고 싶다는 마음이 더 커서 그런지 이용해 본 적은 없다. 그러면 어떻게 하면 동네 이웃과 좋은 관계를 맺을 수 있을까?

"당신 곁의 친절한 이웃 스파이더맨." 영화 《스파이더맨》은 2002년부터 개봉된 악당들로부터 시민들을 구하는 히어로 영화다. 스파이더맨은 무시무시한 악당의 습격에서 시민들을 보호하는 역할도 하지만 자신을 둘러싼 이웃과 친구들을 지키는 소시민적인 모습이 다른 악당과 차이점으로 나타난다. 우리는 이런 스파이더맨처럼 친절한 이웃이 될 수 있다. 어르신의 무거운 짐 들어주기, 엘리베이터 열림 버튼을 누르면서 기다려 주기, 아이들이 안전하게 놀 수 있도록 아파트단지 내에서 자동차 서행하기 등을 할 수 있다. 이렇게 생활 속에서 작은 친절 하나만으로도 우리는 이웃 간의 공동체를 회복할 수 있다. 오늘 당신의 일상에서 작은 친절 하나 베풀어 보는 건 어떨까? 《나의 독산동》 마지막 면지에서 나타난 별들로 인해 반짝반짝 빛나는 밤하늘처럼 서로가 베푼 친절들이 우리의 마음을 밝혀 줄 것이다.

> 직업

당신의 영웅은 누구인가요?

김효정

《케첩맨》 스즈키 노리타케 글그림, 송태욱 옮김, 비룡소, 2018.

호빵맨을 보고 자란 나에게 영웅이란 나의 곁을 오랜 시간 지켜 줄 수 있는 모습을 하고 있다. 그 흔한 초능력 하나 없이 도움이 필요한 사람을 보면 도와주고, 배고픈 이들에게는 자신의 얼굴을 떼어 주기도 한다. 하지만 온갖 능력자들이 모인 마블 시리즈가 흥행하는 요즘, 호빵맨은 마치 세상에서 가장 약한 영웅처럼 보인다. 요즘의 영웅들은 강하며 늘 준비되어 있고, 혼자서도 완전한 모습을 하고 있다. 그러고는 누군가 위험에 빠졌을 때 어디선가 갑자기 나타나 문제를 해결해 주고 사라진다. 이렇게 능력자들이 가득한 세상에서 가진 것 없이 자신의 것을 떼어 주며 남을 돕는 마음은 이제 착한 영웅이 아니다. 이는 오히려 받는 사람이 부담스러운 오지랖으로 보일 때가 더 많다. 대단한 일을 하기 위해 꼭 대단한 사람이 될 필요는 없지만, 우리 사회는 어느 순간 영웅의 자격에도 조건을 만들어 내고 있는 것 같다.

《케첩맨》은 현대의 취업난 속에서 우리는 어떻게 영웅이 되어 자기 자신을 구할 수 있는지 보여 준다. 케첩맨은 우선 그 이름에서부터 영웅이라는 낭만이 느껴진다. 하지만 《케첩맨》이 보여 주는 이 시대의 영웅은 분명 강하고 만족스러운 사람은 아니다. 작가는 우리에게 거대한 영웅이 되기를 바라지 말라며 충고하지도 않고, 대단한 일을 해내지 못했다고 좌절하지 않아도 된다고 말한다. 그렇다고 해서 꼭 영웅이 될 필요는 없다며 우리를 위로하지도 않는다. 작가는 그림책 작업을 할 때 자기 자신이 즐기고 있는지를 가장 중시한다고 한다. 마지막에 케첩맨이 웃으며 이야기가 끝나는 장면에서는 등장인물 또한 자기 일을 즐기게 해 주려는 작가의 노력이 느껴진다.

하지만 결말이 완전한 해피엔딩으로 느껴지지 않는 것은 우리가 살면서 느끼는 대부분의 감정이 그다지 극적이지 않기 때문이다. 나의 삶은 늘 애매하게 행복하고 애매하게 슬픈 듯하다. 케첩맨 또한 케첩을 파는 일을 아주 사랑한다거나, 하기 싫은 일을 어쩔 수 없이 하는 건 아니지만 뭔가에 묶여 있다는 느낌이 든다. 사실 케첩맨은 자신이 바라던 대로 케첩을 팔게 되었음에도 내내 어딘가 얼떨떨해 보이며, 자신이 하는 일에 기뻐하는 내색이 없다. 케첩은 불티나게 팔리지만 정작 자신의 하루는 크게 달라지지 않았기 때문이다. 취업하고 직업이 어느 정도 안정적인 궤도에 진입하게 되면 우리의 일과는 반복되기 마련이다. 우리의 이상과 현실은 묘하게 어긋나 있기에 우리의 일상에는 단박에 형용할 수 없는 흐릿한 감정들이 마구 섞일 수밖에 없다. 그래서 우리는 내일도 오늘과 같은 일상이 반복될 걸 알면서도 약간의 희망을 지니고 살 수 있는 것인지도 모른다.

과거에는 평생직장을 갖는 것이 당연시되었다면, 요즘에는 직장인 누구나 퇴사를 생각하며 산다. 이런 사회 분위기 속에서 자기 일이 마음에 들지 않는데도 계속할 수 있는 능력은 좋은 자질이라는 생각이 든다. 계속해서 이어지는 불만족을 감내하는 것은 우리 삶의 행복과는 거리가 멀지도 모른다. 하지만 어쩌면 행복보다 큰 가치를 얻고 있는 것일지도 모른다. 수많은 직업이 생겨나고 사라지는 요즘 시대에는 정말 우리에게 맞는 일이 있는 건지 의문이 들 때가 있다. 적성이라는 게 우리가 생각하는 것일 수도 있지만, 어쩌면 그런 것은 애초에 존재하지 않을 가능성도 있기 때문이다. 아무도 보장해 주지 못하기에 그저 내가 나를 믿는 방법밖에 없는 것이다.

케첩맨은 자신만이 할 수 있는 일이 바로 케첩을 파는 일이라고 믿는다. 케첩통에서 케첩이 나오는 것은 너무나도 당연한 일이다. 이러한 순리를 자신의 적성이라고 여기며 다른 이는 하지 못하리라 생각한다. 하지만 아이러니하게도 이 세상에 케첩이 공개되어 팔리게 한 건 케첩맨이 아닌 토메이로 박사다. 결국 케첩을 파는 일은 케첩맨만이 할 수 있던 일이 아니었다. 우리의 수많은 꿈은 착각 속에서 생겨나는지도 모른다. 나만이 할 수 있는 일인 것 같다가도 나의 자리가 금방 다른 이로 대체되는 쓸쓸함을 맛보기도 한다.

토마토 머리를 가진 토메이로 박사는 계속해서 케첩을 먹다가 결국 펑 터져서 케첩 홍수를 일으킨다. 그는 토마토면서 케첩이 되고 싶었던 것일까? 이렇게 보면 표지에서 토마토를 바라보는 케첩맨의 모습도 달리 보인다. 그는 좋은 케첩을 만들기 위해 토마토를 엄선하는 중이 아니라 어쩌면 토마토가 되고 싶어서 그저 바라보고 있는 게 아닐까 싶다. 우리가 하고 싶은 일과 잘하는 일이 일치하기는 어렵다. 토마토는 자신의 분야에서 박사가 되었음에도 케첩이 되는 일을 꿈꾼다. 하지만 이는 결국 자기를 파괴하는 결과로 이어진다.

각박한 취업 현실 속에서 우리는 무수한 실패와 아쉬움을 경험하며 하고자 하는 일의 가짓수를 줄여 나가게 된다. 아직 그 과정 안에 있는 나에게 만족스러운 일자리를 얻는다는 건 자꾸만 엉뚱한 방향으로 튀는 공을 잡는 것과 같이 느껴진다. 나의 마음 또한 의지와는 무관하게 제멋대로 굴러갈 때가 있다. 가끔 아무런 예고도 없이 내가 가고 싶은 길의 방향이 바뀌기도 한다. 공을 잡기 위해 앞으로는 나아가지만, 공처럼 굴러가는 세상일을 예측하기는 어렵기만 하다. 이리저리 튀는 공보다 빠르게 움직이지 않으면 우리는 취업이라는 게임에서 영원히 이기지 못할지도 모른다. 하지만 공보다 사람이 먼저 가서도 안 된다. 골대 앞에 서 있다가는 반칙패를 할 수 있기 때문이다. 세상에서 낭패를 덜 보려면 이러한 불규칙 속에서 규칙을 발견하는 수밖에 없다. 일은 여전히 힘들지만 케첩맨이 알람시계를 맞춰 두고 잠들 듯이, 우리에게도 공처럼 굴러가는 세상을 살아 내는 연습이 필요하다.

[직업]

직업에 귀천이 있을까요?

정수미

《어둠을 치우는 사람들》
박보람 글, 휘리 그림, 노란상상, 2021.

청소부라는 직업은 더럽고, 힘들고, 위험한 3D 직업으로 꼽힌다. 한여름의 더위나 매서운 추위와 쓰레기 악취를 견디며 일하는 것은 결코 쉽지 않은 일이다. 심지어 청소부들이 일하는 시간은 새벽에서 밤사이로 교통사고 위험도 크다. 또한 "칼" 같은 위험한 도구를 안전하게 버리지 않았을 때 청소부들에게 상처를 남기기도 한다.

    과거에는 태어난 신분에 맞추어 일을 하며 살았기 때문에 직업에 대한 뚜렷한 개념이 없었을 것이다. 하지만 사회가 변화하면서 꼭 필요한 직업들이 생겨났다. 그중 하나가 바로 환경미화원이다. 하지만 이런 청소부에 대한 사람들의 시선들은 곱지 않다. 초등학생 시절 나이가 많으신 담임 선생님은 학생들에게 "너희 공부 안 하면 환경미화원처럼 된다."라는 말도 스스럼없이 하셨다. 아무리 직업에 귀천이 없다고 한들 한국 사회에서 청소하는 사람들은 나보다 못한 사람이라는 편견이 아직 짙게 남겨져 있는 것 같다. 하지만 이젠 환경미화원이 되려는 사람들이 많아져 경쟁률이 꽤 높다. 2020년 발표된 통계에 따르면 공무원과 같은 60세 정년이 보장되고 초봉이 5,000만 원에 달해 인천지역 신입 환경미화원 채용에 20~30대가 49.1%에 달했다고 한다. 이처럼 사회가 변화하면서 직업을 선택하는 기준이 달라져 환경미화원에 대한 시각도 점차 변화되고 있다.

"정말 떠나보내야 하는 것은 있지만, 어쩔 수 없이 떠나보내는 소중한 추억이 깃든 것도 있어요. 누군가에게는 보고 싶지 않은 더러운 것일 수도 있고, 누군가에게는 들키고 싶지 않은 부끄러운 것일 수도 있습니다. 우리는 어둠 속에서 그런 흔적을 가져가는 사람들입니다."

《어둠을 치우는 사람들》에서는 깜깜한 새벽 시간 어느 골목에 쓰레기 수거차가 들어오면서 이야기가 시작된다. 환경미화원들은 비가 와도 눈이 와도 어질러진 거리를 치우고 사람들이 버린 쓰레기를 치운다. 하지만 "몸이 아닌 마음을 다칠 때도 있습니다. 몸을 다칠 때보다 더욱 고통스러운 순간입니다."라고 말하며 쓰레기를 치울 때 겪는 육체적인 고통보다 사람들의 편견 어린 시선이 더 아프다고 말한다. 하지만 이런 편견에 절망하지 않고 "우리가 지나간 자리, 그 자리마다 새로운 아침 볕이 내리쬔다는 것입니다."라고 말하며 환경미화원으로서의 뿌듯함을 말하며 마무리된다. 《어둠을 치우는 사람들》을 읽으면서 청소를 해 주시는 분들 덕분에 우리가 깨끗한 환경에서 살 수 있어 감사하다는 생각을 하게 되었다. 또 나도 모르게 청소하는 분들을 편견 어린 시선으로 바라보지 않았나 반성하게 되었다. 직업과 상관없이 사람은 그 자체로 존중받아야 한다. 악취를 풍기거나 더러운 것을 만진다는 이유로 그 사람을 하대해도 되는 것은 아니다. 매년 반복되는 청소노동자들의 열악한 근무 환경이나 휴게시설 보장, 임금 관련 문제는 여전히 해결되지 않는다. 사람이 죽고 난 후에야 언론에서 반짝하고 관심을 받고 어느샌가 잊히고 만다.

    2019년에 《저 청소일 하는데요?》라는 김예지 작가의 책이 출간되었다. 이 책은 처음에 독립출판물로 출간되었다가 큰 인기를 끌자 큰 출판사와 계약을 하게 되어 다시 재출간되었고, 일본에도 번역되어 출간되었다. 작가는 미술대학 졸업 후 진로를 아직 정하지 못해 고민하던 중 어머니의 제안으로 상가나 건물 청소업을 같이하게 되었다고 한다. 작가는 청소일은 새벽 일찍 시작해 대부분 오전에는 끝나기 때문에 오후 시간에는 개인 시간을 가지며 책 출판을 준비했다고 한다.《저 청소일 하는데요?》에서도 청소일에 대한 사람들의 편견과 이에 대한 작가의 고민이 뚜렷하게 드러나 있다. 청소하러 갈 때 사람들이 "젊은데 왜 이런 일을 하냐"고 직접적으로 묻는 사람들도 있고, 말은 걸지 않아도 눈빛으로도 모든 것을 읽을 수 있는 경우도 있다고 했다. 작가는 책을 출판한 이후에도 여전히 청소일을 하고 있으며 "무슨 일을 하세요?"라는 질문이 들어오면 "청소일로 돈 벌고 일러스트레이터로 자아실현 합니다."라고 답한다고 한다. 2020년 12월에 방영된 TV 프로그램 <유 퀴즈 온 더 블록>에는 음식물쓰레기를 치우는 청소부이면서 시인으로 등단한 사람의 이야기도 나온 적이 있다. 힘든 청소일을 하면서도 문학의 꿈을 놓지 않았던 청소부는 시인으로 등단하게 되었고, 여전히 청소일과 시를 쓴다고 한다. 이렇게 두 사람 모두 청소일로는 안정적인 수입을 얻으면서 자아실현은 다른 일로 이루기도 한다. 하지만 두 작가 모두 청소일에 대해서는 '고마운 일'이라고 말하며 자부심을 갖고 있다.

《어둠을 치우는 사람들》은 청소부들의 옷인 형광 노란색을 강조해서 보여 준다. 이는 마치 어둡고 삭막한 세상에서 청소부들의 노력이 세상을 밝게 만들어 주는 것 같이 연출되었다. 또 《어둠을 치우는 사람들》의 청소부들은 자신의 직업에 자부심을 드러내며 이야기를 마무리한다. 청소부는 의사, 농부, 선생님처럼 우리 사회에 꼭 필요한 직업이다. 그런데 왜 우리는 청소부들을 다른 직업군의 사람들처럼 대하지 않을까 씁쓸해진다. 더구나 직업을 생각하기 전에 우리는 사람으로서 서로를 동등하게 대해야 한다. 자신의 위치에서 묵묵히 자신의 몫을 다하며 살아가는 청소부들, 이런 사람들이 있어 우리 사회가 깨끗이 만들어지는 게 아닐까? 나도 나의 위치에서 세상을 밝게 만드는 일에 동참해야겠다고 생각한다.

직업

나를 찾아가는 길

곽영미

《나는 지하철입니다》
김효은 글·그림, 문학동네, 2016.

나에게는 이제 대학을 졸업한 조카 둘이 있다. 첫째는 대학을 1년 휴학해 졸업이 또래보다 한 해 늦었고, 둘째는 적성이 맞지 않다는 이유로 대학을 옮겨서 2년제 대학을 또래보다 한 해 늦게 졸업했다. 조카 둘이 동시에 대학을 졸업하게 되자, 작년부터 우리 가족의 관심사는 조카들의 취업이었다. 첫째는 임용시험을 준비하겠다고 해서 졸업과 동시에 시험 준비에 들어갔고, 둘째는 취업이 어려워서 4년제 대학에 다시 편입하겠다고 했다. 공부를 잘해서 소위 명문대라고 불리는 대학을 졸업한 첫째나, 미래 유망 전공이라는 학과의 지방 2년제 대학을 졸업한 둘째나 취업이 어렵기는 매한가지였다. 하루는 언니가 지인의 아들이 30대까지 취업을 하지 않고, 집에만 있다는 말을 전하며 청년실업 문제를 걱정했다. 언니의 말에는 앞으로 10년 이상 자신 역시 두 자녀를 보살펴야 하는 게 아닐까 하는 염려가 담겨 있었다. 대학을 졸업한 자녀들이 있는 주변 지인들과 얘기를 나누다 보면 대부분 언니와 비슷한 고민을 하고 있었다.

20대들은 취업이 잘됐던 1997년 IMF 외환위기 이전 세대, 지금의 50대 이상 세대를 축복받은 이들이라고 한다. IMF 외환위기는 우리 사회의 기존 질서를 급격하게 무너뜨렸다. 전통적인 가정 개념이 무너지고, 아날로그 시대에서 디지털 시대로 변화했다. 무엇보다 고용의 형태가 변했다. 그전까지 직장은 평생직장의 개념이 강했지만 IMF 외환위기 이후 취업은 어려워졌고, 평생직인 아닌 임시직이 등장했다.

취업 절벽에 갇힌 지금의 20대를 '삼포세대(三抛世代)'라고도 부른다. 연애, 결혼, 아이를 갖는 것을 포기한 세대라는 말이다. 여기에 고용과 주택 소유를 더해 '오포세대'라고도 부른다. 이런 현상은 비단 한국만의 문제가 아니다. 전 세계의 청년 실업률은 세계 모든 나라의 성인 실업률보다 높다.

《나는 지하철입니다》 속 주인공 이도영은 스물아홉 살인데도 아직 직장을 구하지 못한 우리 사회의 젊은이로 등장한다. 이도영은 자신의 하루가 남들과는 다르다고 한다. 회사를 가는 대신 오늘 무엇을 입을지, 어디로 가야 할지 고민한다며, 우리에게 자신이 누구인지 되묻는다. 누군가는 취업하지 못했다고, 자기 자신이 누구인지 모른다는 건 이치에 맞지 않는다고 말할 수 있다. 하지만 사회 구성원으로 살아가는 우리는 직업을 갖고, 맡은 역할을 하면서 자신을 인식하기도 한다. '인간은 무의미한 삶을 견딜 수 없다.'는 칼 구스타프 융의 말처럼 사회 구성원으로서의 위치와 역할이 없다면 많은 이들이 삶의 의미를 찾지 못하고, 불행하다고 여길 수 있다.

이도영이 등장하기 전 지하철을 타고 내린 다른 사람들은 모두 뚜렷한 목적을 가지고, 지하철을 타고 있다. 뚜렷한 목적을 가질 수 있었던 것은 그들에게 직업이 있었기 때문이며, 사회로부터 요구되는 역할이 존재했기 때문이다. 회사로 출근하는 중년 남자, 제주에서 딸에게 주려고 해산물을 싸 들고 올라온 해녀 할머니, 아이 둘을 키우는 애 엄마, 구로동에서 구두 수선집을 운영하는 할아버지, 공부에 치인 10대 소녀, 그리고 지하철에서 호객 행위를 하는 상인까지. 이들은 모두 각자의 직업과 신분을 가지며 사회로부터 요구되는 역할을 하며 살아가고 있다. 그래서 그들의 삶은 이도영의 삶과는 다르다.

이 그림책은 전반부에 다양한 직업과 역할을 가진 사람들의 사연을 보여 주다가 이도영의 이야기를 끝으로 이야기의 구조가 바뀐다. 후반부에는 개인의 삶에 초점을 맞추지 않고, 지하철을 타고 이동하는 많은 사람의 모습을 전체적으로 보여 준다.

"나는 이 길 위에서 많은 것을 만납니다.
시장에서 돌아오는 할머니의 못다 판 이야깃거리와
일곱 살 아들 생일에 사 가는 고소한 치킨 냄새를,
전화기 너머 안부 인사와 하얀 셔츠에 밴 시큼한 땀 냄새,
낡은 구두와 그것을 어루만지는 오후의 햇빛.
보이지 않는 이야기를 가득 싣고
덜컹 덜컹 덜컹 덜컹
오늘도 우리는 달립니다."

청년실업뿐만 아니라 여성의 일자리 문제 역시 우리 사회에

서 눈여겨봐야 할 부분이다. 우리 사회가 일하는 여성들에게 관심을 두게 된 것은 불과 30년도 안 된다. 1988년 남녀고용 평등법이 제정되기 이전, 여성들은 경제 활동 참여에 제약이 많았으며, 취업한 대다수 여성이 저임금과 불평등한 근로 현장에서 일했다. 1970~1980년대는 대졸 여성도 귀했지만, 이름 있는 대학을 나와도 여성이기에 일류 기업에 취업하기가 어려웠다. 당시 항공사 승무원(여성)은 사치해서 못쓴다는 말이 돌 정도였으니, 우리 사회의 여성 차별이 얼마나 심했는지 알 수 있다. 남녀고용 평등법 제정 이후 표면적으로 고용이나 승진, 부서 배치 등에 차별이 없는 것처럼 보이지만 여전히 사회 내부에 깊숙이 자리 잡은 성차별은 만연히 존재하고 있다.

2020년 통계청 보고에 의하면 한국 20대 여성의 자살률은 전년 대비 25.5% 늘었다고 한다. 20대 여성은 전체 자살시도자의 세대와 성별 중 가장 높은 비율을 보인다. 다양한 자살 원인이 있겠지만, 전문가들은 20대 여성의 자살률 급등 원인으로 우리 사회가 여성을 여전히 보조 인력으로, 언제든지 빼도 되는 잉여 인력으로 활용하기 때문이라고 말하고 있다.

성공회 신학자 윌리엄 템플 전 캔터베리 대주교는 저서 《그 독교시민의 사회적 책임》에서 청년실업이 청년들의 자존감을 해치고, 자신을 원하지 않는 기업으로부터 상처를 받게 하는 폭력이라고 지적했다. 취업의 어려움이 다양하듯이 직업이 갖는 의미도 개인마다 다르다. 직업은 단순히 일자리, 밥벌이가 아니라 누군가에게 자신을 인식시키는 과정, 자아실현의 수단, 생명과도 같을 수 있다는 사실을 기억해야겠다.

> 직업

광부의 아이는 반드시 광부가 되어야 할까요?

곽영미

《바닷가 탄광 마을》
조앤 슈워츠 글, 시드니 스미스 그림, 김영선 옮김, 국민서관, 2017.

교직에 근무할 때 내가 담당했던 교육실습생에게 꿈을 물었던 적이 있다. 교육실습생은 성인이 되어서 누군가 자신에게 꿈을 물은 적이 없다며 무척 당황스러워했다. 그는 수능 점수에 맞춰서 대학 학과를 선택했고, 교직을 이수했으니, 당연히 교사가 되어야 한다고 생각했다고 한다. 자신의 꿈이 교사는 아니었지만 임용에 합격해 취업만 되면 소원이 없겠다고 말했다.

　현대사회에서 취업이 어려워서 많은 취업 준비생들이 비슷한 생각을 한다. 내가 진정으로 하고 싶은 일, 꿈에 대한 고민보다는, 전공을 살리든 못 살리든 경제생활을 할 수 있는, 남들에게 내세울 수 있는 직장에 취업하고 싶다는 바람을 많이 갖는다. 하지만 우린 모두 현대사회에서 취업이 누구나 쉽게 들어갈 수 없는 '좁은 문'이라는 걸 잘 알고 있다. 그래선지 점점 장래 희망이 없거나, 무엇을 하고 싶은지 잘 모르겠다고 말하는 학생들이 많아지고 있는 것 같다.

    2020년 교육부와 한국직업능력개발원에서 실시한 서비스 조사에 따르면 초등학생의 20.1%가 '미래 희망 직업이 없다'라고 응답했다. 5명의 아이 중 1명이 꿈이 없다는 말이다. 작년 대비 1.5배 넘게 늘어났다. 중, 고등학생들의 수치는 더 높아서, 중학생 33.3%, 고등학생 23.3%가 희망 직업이 없다고 답했다. 꿈은 청소년기, 성인기를 거치면서 제한적일 수밖에 없다. 나의 능력치오-취업 경쟁이 심해지는 사회 구조에서 내가 할 수 있는 일보다, 취업의 성공 여부만을 놓고 진로를 결정하게 된다. 코로나19 시국으로, 일상생활이 멈춰서 꿈이 없는 학생들이 일시적으로 증가할 수도 있겠지만, 꿈이 없는 학생들은 매년 증가하고 있다.

    《바닷가 탄광 마을》은 바다로 둘러싼 섬, 탄광 마을에서 나고 자란 소년과 광부인 그의 아버지의 이야기다. 아침부터 저녁까지의 시간적 배경으로, 소년과 아버지의 하루를 담고 있다. 아버지는 아침 일찍 일어나 일터인 탄광으로 가서, 저녁까지 일하고 돌아온다. 소년은 아버지가 나가는 소리에 일어나고, 친구와 놀다가 엄마의 심부름을 하는 등 소소한 일상을 보낸다. 소년은 일상에서 바다 아래 깊은 곳에서 석탄을 캐고 있는 아버지를 반복적으로 떠올린다. 저녁이 되자, 소년의 가족이 모여서 오붓하게 평화로운 시간을 맞는다.

    아름다운 자연 풍경, 부분적으로 들어간 컬러 그림은 명도와 채도가 낮아 읽는 이에게 안정감과 평화로움을 느끼게 한다. 반면 강한 먹선은 아름다운 바닷가 아래에 보이지 않는 해저 탄광 세계를 은유하는 듯하고, 험난한 직업을 가진 아버지의 힘든 삶을 대비적으로 보여 준다. 그림 작가는 그림 속에서 반복적으로 빛과 그림자를 보여 주는데, 섬의 지상과 지하 세계의 삶이 다른 무게라는 것을 드러내는 듯하다.

글 작가는 이야기 속 배경인 섬에서 나고 자랐다. 작가는 이 그림책에 자신의 아버지에게서 들은 가난하고, 힘겨운 노동을 하지만 단란하고 화목한 가정을 이루며 살아간 광부들의 삶과 공동체에 대한 찬사를 담고 싶었다고 한다. 이 그림책은 겉싸개가 있다. 겉싸개에는 한낮 오후 햇살이 찬란히 비추는 바닷가 섬의 모습을 화사하게 보여 준다. 그런데 겉싸개를 벗기고 표지를 보면 일출인지, 일몰인지 알 수 없는 풍경으로 그려졌다. 이 표지 장면은 일출과 일몰의 양가적인 감정을 갖게 만든다. 희망찬 하루와 생명이 시작되는 일출로 생각되기도 하다가, 마지막에 등장하는 소년의 이야기로, 그 반대의 의미인 일몰로 느껴지기도 한다.

> "나는 파도가 철써덕철써덕 뒤치는 소리를 들으며 잠들어요.
> (중략)
> 그리고 컴컴한 땅굴을 생각해요.
> 언젠가는 내 차례가 올 거예요.
> 나는 광부의 아들이니까요.
> 우리 마을에서는 다들 그렇게 하니까요."

아이의 말처럼, 광부의 아이는 반드시 광부가 되어야 할까? 마을에서 다들 그렇게 하면 모두 다 그렇게 해야 하나?

"모든 아동은 경제적으로 착취당해서는 안 되며, 건강과 발달을 위협하고 교육에 지장을 주는 유해한 노동으로부터 보호받아야 한다."

유엔^{UN}이 정한 유엔아동권리협약 제32조다. 물론 이 그림책 이야기 전면에서 어린이 노동 착취를 보여 주지는 않는다. 하지만 어린이가 자신의 직업을 스스로 선택할 수 없고, 꿈꾸지 못하는 현실을 통해서 아동의 인권 유린을 생각해 보았다. 어쩌면 작가는 마지막 이야기를 통해 독자에게 그런 화두를 던지는 게 아닐까 생각된다.

만약 누군가가 당신에게 "넌 꿈을 가질 수 없어. 다른 직업을 갖지 못하고, 오직 이 직업만을 가져야 해."라고 한다면 어떻게 받아들이겠는가?

성인들은 자신의 인권이 강제될 수 없음을 알고 그 말을 수용하지 않을 수 있다. 하지만 아직 어린 아동들은 그들이 거부할 힘과 자신들의 기본적 권리에 대한 지식이 부족해 그대로 수용할 수 있다. 누구나 꿈이 없을 수 있다. 하지만 누구도 타인의 꿈을 강제할 수는 없다. 이 그림책의 마지막 이야기는 할아버지, 아버지, 아들로 이어지는 광부의 삶이 그들의 전통과 유산이 될 수도 있지만, 모든 일에 빛과 어둠이 있듯이, 그림 속 검은 먹선과 색상의 대비처럼, 전통과 유산이 아닌 다른 시선으로도 해석할 수 있겠다.

4장 그림책 속 자연환경

기후변화

환경 위기 시계가
9시 47분을 가리킵니다

박락원

《09:47》 이기훈 글 그림. 글로연. 2021.

초등학교에 들어가기 전 내가 살았던 곳은 기차 소리가 들리며 맑은 공기를 마실 수 있는 깊은 산골이었다. 서울에서 산 지 20년이 넘은 지금도 그때만 생각하면 행복한 기억들이 되살아난다. 집 앞에 흐르던 시냇가에서 부모님과 함께 다슬기를 잡고 튜브를 타며 놀았던 추억들이 아직도 새록새록 떠오른다. 시간이 흐른 뒤에도 그곳이 그리워 부모님과 함께 다시 가 보게 되었다. 아름다운 추억의 시냇가는 많은 것이 바뀌어 있었다. 온갖 쓰레기들이 둥둥 떠다니면서 어떤 사람도 들어가지 못하는 쓰레기장이 되어 있었다. 하지만 그 시냇가뿐인가. 인간은 이미 지구의 수많은 곳을 쓰레기장으로 만들고 오염시켰다.

《09:47》은 오염된 지구에 남은 시간이 2시간 13분밖에 없을 때 벌어질 수 있는 일들을 그리고 있다. 이기훈 작가는 굉장히 심각해 보일 수도 있는 주제에서 자신의 실제 가족을 등장시킨다. 작가는 평범한 가족으로 등장인물을 설정하면서 누구에게도 이러한 일이 벌어질 수 있음을 더 잘 표현하고 있다.

　가족은 커다란 배를 타고 여행을 떠난다. 그러던 중 어린 막내딸이 엄마와 함께 화장실로 가게 된다. 그런데 화장실에서 나온 딸이 물에 흠뻑 젖어 있는 것이었다. 그때 시각은 9시 47분. 놀란 엄마는 아이를 데리고 가족에게로 다시 돌아온다. 아빠가 아이를 달래고 있었는데 날아가던 갈매기가 딸의 애착인형 토끼를 낚아차 버린다.

　해변에 도착하면서 다른 가족은 바다에서 즐거운 시간을 보낸다. 막내는 홀로 모래사장에 앉아 토끼를 잃은 상실감에 풀 죽어 있다. 그런데 갑자기 눈앞에 잃어버렸던 토끼 인형이 불쑥 나타난다. 《이상한 나라의 앨리스》를 아는 독자라면 아이가 토끼를 따라 바다로 갈 것이라는 사실을 누구나 예측할 수 있을 것이다.

　결국 토끼를 따라 바닷속으로 들어간 아이는 믿을 수 없는 광경에 놀라고 만다. 거대한 괴물체를 발견하게 된 것이다. 그리고 이때 시각은 12시를 가리킨다. 거침없는 괴물체의 움직임은 해일이 되어 해변에 있는 모든 사람을 덮친다. 사실 괴물체의 정체는 인간이 버려 놓은 플라스틱, 자동차, 냉장고 등 온갖 잡다한 쓰레기로 만들어진 것이었다. 토끼와 아이가 괴물을 피해 다급하게 도망치다 도착한 곳은 아까 가족과 함께 있었던 해변이다. 바닷가 근처 가게는 이미 모두 바닷물에 잠겼고 사람들이 있던 곳은 폐허가 되고 말았다.

　12시 이후, 세상은 끝난 것 같았지만 토끼와 아이는 물 위에 떠 있는 배를 발견하게 된다. 아이는 힘들게 배로 올라가 화장실 창문 안으로 들어간다. 마지막 장면에 시간은 다시 9시 47분이 되고, 앞서 9시 47분 장면과 똑같은 상황이 연출된다. 흠뻑 젖은 아이가 화장실에서 나와 엄마에게 돌아오는 모습으로 이야기는 마무리된다.

　이기훈의 다른 작품에서도 인간의 욕망으로 인한 멸망들이 그려진다. 《양철곰》(2012)에서 인간의 욕망은 무분별한 개발로 이어져 숲을 훼손하고 공기를 오염시킨다. 그리고 사람들은 오염된 지구를 버린다. 많은 사람이 황금별로 떠나는데 이주비용이 없는 사람들은 우주공항에서 황금별로 떠나는 기차를 타지 못한다. 그중 한 소년은 마지막까지 숲을 지키려 했던 양철곰을 유심히 지켜본다. 소년은 양철곰을 이용해 떠날 계획을 세우고 그를 설득하기 시작한다. 그러나 양철곰은 아랑곳하지 않고 강에서 묵묵히 물을 자신에게 계속 끼얹는다. 뒤늦게 양철곰을 정말 아끼게 된 소년은 어떻게든 양철곰을 살리려 하지만 몸이 부식되면서 양철곰은 서서히 죽음을 맞이한다. 하늘에서 비가 내려 양철곰의 몸을 모두 뒤엎고 새싹들이 피어나면서 양철곰은 스스로 숲이 된다.

　《빅 피쉬》(2014)에서는 물에 집착하고 독식하려는 인간의 욕망이 잘 드러난다. 비가 오지 않아 물이 다 말라 버린 세상에서 인간은 살아남기 위해 물을 계속 뿜어내는 신비한 빅 피쉬를 잡으러 간다. 인간은 빅 피쉬를 독점하기 위해 자연을 상징하는 동물들과 전투를 계속 벌인다. 그러다 대홍수가 일어나면서 인류는 멸망한다. 단지 자연을 지키려던 노아만이 동물들과 함께 방주를 타고 살아남는다.

　《09:47》은 이기훈 작가가 《양철곰》부터 거의 10년 동안 작업한 '욕망 삼부작'의 마지막 작품이다. 9시 47분이라는 제목부터 2020년 환경재단이 발표한 전 세계 환경 위기 시각을 의미한다.

환경 위기 시계는 환경오염과 그에 따른 피해가 점점 가속화됨에 따라, 환경에 대한 경각심을 일깨우기 위해 환경 위기의 정도를 시각으로 표현한 것이다. 환경 위기 시계에서 12시는 '인류 생존이 불가능한 시간', 즉 인류의 멸망 시간을 의미한다. 이는 매년 환경 전문가와 시민, 사회단체 활동가들에 대한 설문조사를 토대로 작성된다. 그러니까 쉽게 말하면 환경 위기 시계는 환경 전문가들이 느끼는 환경 악화 정도라 생각하면 좋을 것 같다. 사실 실제 환경의 척도는 이보다 더 심각할 수 있다.

자연은 인간에게 맑은 물, 깨끗한 공기, 먹을거리 등 다양한 것을 선물했다. 그러나 인간은 자신의 욕망을 채우기 위해 물을 오염시키고 숲을 훼손했다. 또한 욕망의 부산물로 인한 수많은 쓰레기로 자연을 뒤엎어 버렸다. 이기훈 작가는 글 없는 그림책, 욕망 삼부작을 통해 독자 스스로 그림을 해석하고 깊게 깨달을 수 있도록 만든다. 욕망 삼부작에서 전달하는 메시지는 자연의 섭리를 거스르려는 인간의 이기적인 욕심은 끝내 대재앙을 불러온다는 것이다. 인간의 욕망은 지구의 시간을 계속 갉아먹고 있다.

하지만 이와 반대로 욕망을 억누르고 불편함을 택한 사람들도 있다. 쓰레기가 될 포장 자재를 최소화하거나 재사용하는 '제로 웨이스트 Zero Waste'를 추구하는 선택을 한 것이다. 불필요한 포장재나 플라스틱 빨대를 없애는 기업들이 생겼고 종이 냅킨 대신 손수건을, 일회용 숟가락이 아닌 나무 숟가락을 내놓는 카페들도 생겼다. 또 개인적으로 텀블러 사용이나 장바구니 사용으로 일회용품의 무분별한 낭비를 줄이는 사람들도 많아지고 있다. 이런 불편들이 모여 지구의 환경 위기 시계를 움직일 수 있다면 얼마나 좋을까? 다만 너무 늦지 않았기를 바라면서……

아름다운 섬에서 나와야만 했던 이유

신미성

《마지막 섬》 이지현 그림책, 창비, 2021.

언제부턴가 섬에 대한 관심이 높아지고 있다. 방송에서도 섬을 배경으로 한 프로그램들이 많아지면서 사람들의 발길이 닿지 않은 아름다운 섬들이 종종 소개되곤 한다. 그러던 중 무려 32년 동안이나 섬에서 살아온 81세의 할아버지 이야기가 매스컴에 알려졌다. 할아버지는 1989년에 이탈리아의 사르데냐 섬에 딸린 부델리 섬에 들렀다가 그 아름다움에 반해 32년 동안 머물게 되었다고 한다. 체육교사였던 그는 두 딸이 있는 아버지였지만 소비를 중시하는 세태와 이탈리아 정치에 환멸감을 느껴 자연인이 되기로 결심했다. 그렇게 섬을 택한 그는 오랜 시간 그곳에서 지내며 세상에 대한 불만도, 잔뜩 일그러졌던 표정도 부드럽게 변했다.

그러나 할아버지는 몇 해 전부터 이탈리아 당국의 추방 압력으로 섬에서 나와야 할 위기에 부딪혀 왔고, 섬의 주인마저 떠나주길 원하여 마침내 세상에 나오게 되었다. 할아버지는 자신의 페이스북에 "내가 32년 동안 지켜 온 것과 같이 앞으로도 부델리 섬이 보호받을 것이라는 희망을 가진 채 떠날 것입니다. 그리고 내 삶은 그다지 많이 변하지 않을 것이며, 여전히 바다를 보고 있을 것입니다."라며 섬과 자연에 대한 남다른 애정을 드러냈다.

이렇듯 섬은 누군가에게 매우 중요한 의미를 지닌 삶의 터전이 되기도 한다. 《마지막 섬》에도 사람이 살지 않는 작은 섬에서 홀로 살아가는 한 할아버지가 등장한다. 할아버지는 아름다운 꽃과 새들이 노닐고, 알록달록 예쁜 물고기들이 춤추는 아름다운 섬에서 살고 있다. 그러던 어느 날 다양한 생명이 함께 어우러져 살아가는 그 공간에 어울리지 않는 것이 등장한다. 그것은 바로 저 멀리 수평선 너머로 보이는 '검은 연기'다. 할아버지가 공장 같은 건물에서 매섭게 피어오르는 그 연기를 발견한 이후 계속해서 이상한 현상들이 발생한다. 할아버지의 집 바로 앞까지 바닷물이 차오르고, 숲속의 나무들도 물에 잠기기 시작한다. 따뜻했던 그림의 색감이 차갑고 암울한 색감으로 바뀌면서 섬은 순식간에 거대한 파도에 뒤덮여 버린다.

긴박한 상황 속에서 다행히 할아버지는 작은 배를 타고 섬을 빠져나온다. 그리고 이어지는 장면에서는 갑자기 장면의 시점이 변하며 반전을 준다. 새롭게 등장한 한 젊은 남자는 편안한 자세로 소파에 앉아 TV에 나오는 바다의 태풍 장면을 보고 있고, 그때 누군가가 문을 두드려 왔다. 남자가 문을 열자, 다름 아닌 그 사람은 섬에서 떠밀려 나온 흠뻑 젖은 노인이었다. 이야기는 서로 마주한 두 사람의 당황한 표정을 클로즈업으로 보여 주며 끝이 난다.

이 이야기는 기후 난민과 지구 온난화와 관련된 환경문제를 다루며 마지막 장면을 통해 독자들에게 많은 생각을 하게끔 한다. 이 책을 쓰고 그린 이지현 작가는 속표지 페이지에서 자신이 이야기하고자 했던 것에 대해 이렇게 말한다.

"이것은 우리와는 아무런 관계없는 어떤 사람의 이야기입니다. 정말 그럴까요? 누구든 어디에서나 안녕하기를 바라며 이 책을 만들었습니다."

작가는 실제로 해수면이 높아져 일부 국토가 가라앉고 있는 투발루라는 섬나라와 그곳의 원주민으로부터 이 이야기를 만들게 되었다고 한다. 투발루는 남태평양에 위치한 9개의 섬으로 이루어진 작은 섬이다. 이 섬은 관광객의 발길이 많이 닿지 않아 천혜의 자연이 그대로 보존된 곳 중 하나다. 그러한 투발루의 섬들은 평균 해발고도가 3m 정도로 낮아서 해수면이 높아지는 요즘 매우 큰 위기에 놓여 있다. 이미 2개의 섬은 바다 아래로 잠겼다.

이 그림책은 2021년 6월에 출간되었는데, 출간되기 2주 전 뉴스에서는 투발루 외무장관의 수중 연설 영상이 화제가 되었다. 그는 지구 온난화로 인한 해수면 상승이 얼마나 심각한 위기 상황을 초래하고 있는지를 보여 주기 위해 수중 연설을 기획한 것이다. 이 투발루 섬의 이야기는 2008년에도 우리나라 작가에 의해 그림책으로 출간된 적이 있다. 《투발루에게 수영을 가르칠 걸 그랬어!》라는 작품으로, 여기서는 투발루 섬에 사는 아이의 모습을 통해 문제 상황을 담고 있다.

해수면 상승으로 인해 수몰 위기를 맞고 있는 것은 투발루만의 문제가 아니다. 지난 2009년에는 몰디브의 대통령과 장관 11

명이 스쿠버 장비를 착용한 채 수중 4m 아래에서 국무회의를 열었다. 몰디브 또한 해수면 상승 문제로 인해 사람이 살아가기 어려운 환경으로 전락할 수 있음을 알리기 위해서였다. 뿐만 아니라 마샬군도, 키리바티 등 기후변화에 취약한 다수의 섬나라들은 주민들의 이주로 인해 국가의 지위마저 위협받고 있다. 그들은 눈앞에 닥친 기후 위기에 대응하기 위해 전 세계가 말뿐인 약속이 아닌 즉각적인 행동에 나서줄 것을 간절히 바라고 있다.

투발루의 외무장관과 몰디브 대통령이 기후위기의 심각성을 알리기 위해 수중 연설을 한 것처럼 그림책 또한 작가의 목소리를 통해 이러한 상황을 전하는 매체가 되어 그 역할을 하고 있다. 《마지막 섬》의 이지현 작가는 '마지막'이라는 단어와 '섬'이라는 단어가 의미하는 절박함을 이 책에 담아냈다. 작가는 이러한 문제가 나와 상관없는 먼 나라의 이야기가 아닌 누구와도 관계가 있는, 우리 가까이에 있는 문제라고 이야기한다. 그리고 우리의 '무관심'에 대해서도 꼬집고 있는 듯하다.

그렇다면 우리가 할 수 있는 일은 무엇일까? 지구 온난화의 가장 대표적인 원인이 온실가스라는 것은 이미 많은 이들이 잘 알고 있다. 우리가 환경문제에 좀 더 관심을 가지고 온실가스를 줄이기 위한 작은 실천을 꾸준히 행한다면 그 노력들이 모이고 모여 언젠가 큰 힘을 발휘할 것이다. 그럼으로써 '누군가'가 아닌 바로 '우리'가 살아가는 삶의 터전을 모두가 함께 지킬 수 있을 것이다.

녹아내리는 지구를 위한 작은 실천

김주아

《안녕, 폴》, 엔초 글·그림, 비룡소, 2014.

한국에는 유명한 펭귄이 있다. 바로 EBS 연습생인 열 살 펭수다. 펭수는 최고의 크리에이터가 되겠다는 꿈을 품고 남극에서 헤엄쳐 한국에 왔지만, 앞으로는 꿈을 위해서가 아니라 생존을 위해서 펭귄들이 남극을 벗어나야 할지도 모른다.

    2004년에 개봉한 미국의 SF 재난 영화 《투모로우^{The Day After Tomorrow}》는 지구 온난화로 인해 해류가 변화해 지구 북반구에 급격한 빙하기가 찾아온다는 내용을 담고 있다. 이 문제는 영화 속에서만 일어나는 일이 아니다. 어쩌면 우리가 당장이라도 직면할 현실이 될 수 있다. 지구 온난화 문제는 어제오늘 일이 아니다. 벌써 몇십 년 전부터 많은 학자들과 환경운동가들이 경고해 왔다. 지구 온난화로 극지방의 얼음이 녹으면서 해수면이 높아지고, 이 여파로 각 지역에 따라 폭설, 집중 호우, 폭염, 한파, 가뭄 등이 발생하고 있다. 사계절이 뚜렷했던 한국도 점점 봄과 가을이 짧아지고 있다. 점점 아름다운 봄과 가을을 충분히 만끽할 수 없다는 아쉬움을 넘어서 우리는 삶의 터전을 향한 이상 조짐으로서 경각심을 가질 필요가 있다.

유엔 기관과 세계의 학술기관의 연구원들로 구성된 국제연구공동체인 랜싯 카운트다운$^{Lancet\ Countdown}$은 〈건강과 기후변화에 대한 2021 랜싯 카운트다운 보고서: 건강한 미래를 위한 코드 레드〉를 발표했다. 이 보고서에 따르면 기후 온난화로 인해 전염병이 발병될 환경의 적합성이 점점 증가하고 있다고 한다. 서늘한 고지대도 말라리아 같은 열대성 전염병에 취약한 환경으로 변화하고 있고, 미국과 북유럽 등의 국가에서는 패혈증을 유발하는 박테리아가 등장했다고 한다. 랜싯 보고서에 따르면 북아메리카를 포함한 고위도 지역도 열대성 전염병에서 안전하지 못하게 되면서 2080년까지 세계 인구의 90%가 열대성 전염병에 노출될 것이라고 한다. 최근 코로나19 바이러스로 전염병의 공포가 온 지구를 뒤덮고 있는데, 앞으로도 전염병에서 자유로울 수 없는 환경이 될 것이라고 하니 가슴이 답답해진다. 지구 온난화로 인해 파생되는 문제들이 생각보다 광범위하고 다양하다. 그만큼 이 땅의 모든 것들이 유기적으로 연결되어 있음을 다시금 깨닫게 된다.

지구 온난화로 직접적인 피해를 겪고 있는 대상은 극지방의 동물이다. 북극곰의 경우 바다표범이나 바다사자를 사냥하고 먼 거리를 이동하거나 짝짓기를 할 때 바다를 덮고 있는 해빙이 반드시 필요하다. 하지만 얼음이 녹으면서 해빙의 면적이 감소하고 있고, 그렇게 북극곰은 삶의 터전을 위협받고 있다. 또한 바다 표면의 온도가 높아지면서 지난 100년간 바다의 식물성 플랑크톤도 약 40%가 줄어들었다고 한다. 바닷물 온도의 상승은 열 스트레스로 산호를 죽게 하는 백화 현상을 일으킬 뿐만 아니라 바다에 녹는 이산화탄소의 양을 증가시키는데, 이는 바닷물의 산성화를 높인다. 바다가 산성화되면 산호의 골격이 부식되고 산호초가 황폐해진다. 이처럼 지구 온난화는 생태계를 파괴하는 데에도 큰 영향을 미친다.

《안녕, 폴》은 지구 온난화로 위기를 겪는 펭귄의 이야기를 담았다. 지구가 뜨거워지면서 남극의 한쪽은 얼음이 녹지만 다른 한쪽은 더 추워져서 얼어붙는다. 그래서 바다에 먹이를 잡으러 간 펭귄이 얼어붙은 바다 때문에 돌아오기 힘들어지고, 펭귄 알들은 그렇게 방치가 된다. 이 알들을 안전한 곳에 보관하며 보살피며 아기 펭귄과 친구가 된 남극기지의 요리사 이언은 펭귄에게 '폴'이라는 이름을 지어 주고 매일 시간을 함께 보낸다. 어느 날 이언과 동료들은 폴이 펭귄 알들을 혼자 보호하고 있다는 사실을 알게 되었고 그 알들을 기지로 가져와 극진히 보살핀다. 그리고 부화된 펭귄들과 함께 해피엔딩을 맞이한다. 그림책에서처럼 펭귄 알을 보호해 부화시키는 데 성공한다고 해서 지구 온난화로 인한 문제를 해결할 수 있는 것은 아니다. 본질적인 문제를 해결하지 않는 이상은 일시적인 방편일 뿐이다. 하지만 한 사람 한 사람의 작은 노력이 모이면 분명 새로운 길이 나타날 것이다. 모두가 환경 전문가가 될 필요는 없지만 내가 지금 있는 자리에서 할 수 있는 일이 무엇인지를 찾고 실천하는 것은 중요하다. 이언과 동료들이 지금 당장 할 수 있는 일에 최선을 다했던 것처럼 말이다.

뉴욕 출신의 아티스트인 션 요로$^{Sean\ Yoro}$는 지구 온난화를 경고하는 그림을 그리는 작가다. 그는 녹는 빙하 위에 그림을 그리거나 물에 잠긴 벽에 그림을 그려서 아름다운 지구가 침몰해 간다는 환경 메시지를 전달한다. 이 작가를 모티프로 한 그림책《북극곰이 녹아요》도 지구 온난화에 대한 메시지를 담고 있다. 션 요로는 환경문제에 대한 경각심을 예술을 통해 세상에 알렸다. 이처럼 내가 가진 재능을 통해서도 지구를 위한 실천을 할 수 있다.

축산업이 지구 온난화에 영향을 미치는 온실가스 발생의 약 80%를 차지한다고 한다. 사육하는 가축의 장내 박테리아 발효, 화학비료 사용, 가축의 분뇨처리, 가축의 되새김질이나 방귀와 트림 등으로 인한 대량의 메탄과 이산화질소가 지구 온난화에 영향을 미친다는 것이다. 그래서 과도한 육식 섭취를 줄이는 것도 지구 온난화를 위한 작은 실천이 될 수 있다. 또한 온실가스를 줄이기 위한 개인의 노력으로 권장되는 일들은 대중교통 이용하기, 안 쓰는 가전제품의 플러그 뽑기, 재활용 잘하기, 에어컨과 난방기 사용 줄이기, 비닐 사용 줄이기, 일회용 컵 대신에 텀블러 사용하기 등이 있다. 이러한 작은 실천들은 펭귄 알을 보살펴 부화시킨 그림책 속 남극기지 사람들의 실천과 다르지 않을 것이다.

한국은 이러한 작은 실천들이 꽤 잘 이루어지고 있지만, 다른 나라는 그렇지 않은 경우가 많다. 10년 전쯤의 이야기지만 미국의 기숙사에서 지낼 때 룸메이트가 에어컨을 24시간 내내 틀어두었다. 서양인과 동양인의 체질이 달라서였겠지만 나는 극지방에 사는 것처럼 바들바들 떨면서 생활해야 했다. 쓰레기 역시 분리수거를 전혀 하지 않는 모습에 충격을 받기도 했다. 검은색의 커다란 비닐봉지에 모든 쓰레기를 밀어 넣었다. '지구환경은 미국이 다 파괴하고 있구나.'라고 속으로 생각했다. 모든 국가의 작은 실천이 필요한데, 지금은 미국도 많이 바뀌었길 바란다.

지구 온난화를 두고 두 가지의 주장이 맞선다. 하나는 인류의 문명이 발전하면서 지구 온난화가 심각해졌고 지구의 자정 능력을 넘어서 위험한 단계까지 이르렀다는 것이다. 다른 하나는 원래부터 지구는 뜨거워지고 차가워지는 과정을 반복했기 때문에 지금의 상황도 일시적인 자연현상일 뿐이니 심각한 문제가 아니라는 것이다. 어느 쪽의 주장이 정답이든 지구에 대한 책임감을 가져야 한다는 사실에는 변함이 없다. 많은 데이터가 지구 온난화의 주범은 인간이라고 가리키고 있고, 인류 문명이 발달해 잘 살게 된 1980년부터 지구의 온도가 급격하게 올라가고 있다고 한다. 인간은 문명의 발달을 향해 달리다가 놓쳐 버린 환경문제에 대해 더 이상 변명할 수 없다.

인간이 만든 무인도, 플라스틱 섬

박락원

《플라스틱 섬》
이명애 지음, 상출판사, 2020.

네 살 아들이 주스를 마시다 순간 목에 뭐가 걸린 듯 '컥컥'거렸다. 아이를 살펴보니 플라스틱 빨대의 작은 조각이 목으로 들어갔던 것이었다. 나는 놀라 아이 등을 두드려 빨대를 뱉어 내게 했다. 아이의 목에 걸린 작은 플라스틱으로 인해 무척 속상했다. 그러고는 아무렇지 않게 새 빨대를 꺼냈다. 이런 내 모습을 보면서 얼마 전 읽었던 《플라스틱 섬》이 떠올랐다.

《플라스틱 섬》은 새의 시선으로 서사가 전개된다. 이명애 작가는 플라스틱 섬과 그곳에서 적응하는 새의 모습이 담긴 다큐멘터리에서 모티브를 얻었다고 한다. 그래서인지 그림책도 다큐멘터리같이 글은 담담하지만 그림은 직설적으로 '플라스틱 섬'의 심각성을 전달한다.

2020년 개정판에서는 앞표지가 달라졌는데, 개인적으로는 2014년 구판의 앞표지가 좀 더 플라스틱 섬에서 사는 새의 마음을 잘 표현한 것 같다. 앞표지에는 새 한 마리가 외로이 어딘가를 보고 있다. 새의 시선을 따라가다 보면 '플라스틱 섬' 제목과 알록달록 플라스틱이 쌓여 있는 플라스틱 섬을 볼 수 있게 된다. 특히, 표제지와 새가 인상이 강하게 남았다. 새는 어떠한 소리도 내지 못하게 쓰레기가 부리에 걸려 있다. 마치 하고 싶은 말은 많지만 어떠한 저항도 할 수 없음을 보여 주고 있는 것 같았다.

본문이 시작되면 쉴 새 없이 플라스틱을 만들어 내고 소비하는 인간의 모습이 그려진다. 그런 인간에게 자연이 화를 내듯 태풍과 해일로 모든 것을 뒤엎고, 알록달록한 플라스틱들은 바다로 흘러들어 간다. 처음에는 새와 바다 동물들도 낯설게 느꼈지만 어느새 플라스틱에 호기심을 가진다. 알록달록한 것들이 무엇인지도 모른 채 마냥 신기해한 것이다. 그러다 동물들은 점점 플라스틱 더미에 파묻히고 갇혀 버린다. 또 플라스틱 쓰레기로 배가 채워지고 죽어 가기도 한다. 죽어 가는 새들 옆에서 또 다른 새들은 플라스틱을 계속 먹는다.

그나마 심각성을 깨달은 몇몇 사람들이 배를 타고 쓰레기를 치우려 하지만, 금세 다양하고 더 많은 쓰레기가 바다에 채워진다. 바닷속 타이어는 마치 쓰레기를 내뿜는 것처럼 화려하게 표현되는데 물고기들이 몰려들어 그 사이를 유유히 헤엄친다. 화산섬이 솟아 나온 것처럼 수많은 플라스틱 섬이 바다 위에 생겨난다.

마지막에는 앞표지에서 보았던 외로운 새가 다시 등장한다. 이번에는 머리에 깡통을 쓰고, 부리에는 붉은 실이 엉켜진 채 슬픈 표정으로 가만히 서 있다. 그리고 자신이 사는 섬이 '플라스틱 섬'임을 밝힌다. 글은 담담한 듯 보이지만 새의 표정은 참담하게 그려진다. 붉은 실이 새가 날아갈 수 없도록 다리를 칭칭 매고 있기 때문이다. 그리고 다음 장에서는 수많은 새가 플라스틱 섬에 모여들어 물고기가 아닌 플라스틱을 먹는 것으로 이야기는 마무리된다.

　　현실의 '플라스틱 섬'을 볼 수 있는 다큐멘터리가 2019년 KBS에서 방영되었다. 북태평양 하와이 섬과 미국 캘리포니아주 사이에 퍼져 있는 GPGP$^{\text{Great Pacific Garbage Patch}}$라는 거대 쓰레기 섬에 대한 내용이었다. 처음 발견 당시만 해도 GPGP는 한국 면적의 절반 정도였다고 한다. 그러나 최근에 한국 면적의 약 16배에 달하는 규모가 되었다. 발견되는 플라스틱들도 시간이 지날수록 입자가 아주 미세해지고 있는데 이런 미세 플라스틱은 어류의 몸에 서서히 파고든다. 또 플랑크톤이 있어야 할 자리에 미세 플라스틱이 채워지면서 작은 물고기들은 미세 플라스틱을 자신들의 먹이로 알고 배를 채우게 된다.

　　그러나 다행히도 《플라스틱 섬》에서 위기를 깨닫고 자연을 보호하려고 노력했던 몇몇 사람들처럼 현실에서도 바다의 플라스틱 쓰레기로부터 자연을 지키려는 단체들이 있다. 2017년 세계 해양의 날에 플라스틱 오션 재단과 온라인 미디어 기업 LAD Bible이 쓰레기 섬을 정식 국가로 인정해 달라는 신청서를 유엔에 제출했다. 이는 사람들에게 플라스틱 섬의 위기를 알리기 위해서였다. 이 단체들은 정식 국가의 기준을 갖추기 위해 국민들을 온라인으로 모집했다. 그래서 GPGP는 사람이 살 수 없는 섬인데도 유엔에서 한 국가로 인정했고 인구가 20만 명이 넘게 되었다. 환경운동으로 유명한 앨 고어 전 미국 부통령이 쓰레기 섬의 첫 국민이 된 것으로 시작해 환경에 관심 있는 수많은 세계인이 동참하고 있다.

국기에는 바다에 떠 있는 플라스틱병을 그려 놓았고 국명을 Trash Isles로 지정했다. 화폐도 플라스틱의 심각성을 잘 알리고 있는데 플라스틱 쓰레기로 힘들어하는 동물들이 그려져 있다. 또 이 화폐의 단위는 "Debris"로 이는 쓰레기 더미라는 뜻을 지닌다.

국내 기업들 사이에서도 기업의 환경, 사회, 지배 구조를 뜻하는 ESG 경영이 주목받고 있다. 경영에서 지속 가능한 발전의 필요성을 인정하는 추세다. 예를 들어 페트병을 분리 수거해 재활용 섬유로 만들거나 아예 페트병 몸체에 라벨을 없앤 라벨 프리 제품을 선보여 재활용률을 높이려는 노력을 하고 있다. 이렇게 심각성을 깨닫고 노력하는 기업들이 생겼지만 비교적 아직도 자신들의 이익과 편리만 생각하는 기업, 개인이 많은 것이 현실이다.

플라스틱 쓰레기의 심각성으로 인해 '플라스틱권'이라는 말까지 등장했다. 사람이 배출하는 플라스틱이 바다에 쌓여 섬이 만들어지고 한 대륙이 될 지경까지 이르렀음을 보여 주는 것이다. 안타까운 것은 코로나19가 장기화되면서 포장, 배달이 늘어나 플라스틱 사용량은 전보다 더 증가하고 있다는 점이다. 2020년 기준으로 국내 배달·포장 용기 생산량은 11만 톤에 이르는데 이는 전년 대비 19.7% 증가한 수치다. 또한 생활폐기물 중 플라스틱 발생량은 전년 대비 18.9% 증가했다고 한다.

원하는 모양으로 쉽게 가공할 수 있다는 의미의 그리스어 '플라스티코스^{Plastikos}'라는 플라스틱 어원처럼 인간은 너무나 손쉽게 원하는 모습대로 플라스틱을 만들고 버렸다. 그러나 이 플라스틱은 예상치 못한 방향으로 자연을 변형시키고 있다. 모두가 한마음으로 노력하지 않은 채 시간이 흐르다 보면 결국 변해 버린 자연이 되돌아와 우리를 손쉽게 변형시키지 않을까?

건너지 못하는 길

김효정

작년에 가족들과 용평 여행을 다녀왔다. 다 같이 차를 타고 가서 서울부터 강원도까지 정말 많은 터널을 지났다. 그런데 그중에서 한 터널이 유난히 길게 느껴졌다. 계속 터널 속을 달리다 보니 뭔가 갇힌 느낌이 들어서 나도 모르게 긴장이 됐다. 그래서 중간쯤부터는 비상구의 개수를 세기 시작했다. 꽤 짧은 간격마다 비상구가 있다는 걸 확인하니 왠지 안심되었다. 그렇게 27개째를 세었을 때 터널은 끝이 났다. 문득 궁금해져서 찾아보니, 그곳은 한국에서 가장 긴 터널이었다. 무려 11km에 달하는 길이로 비상구만 57개가 있다고 한다.

인간이 만든 터널은 더 빨리 이동하기 위해 산을 뚫는 터널이 대부분이다. 하지만 《터널》에서 암토끼와 수토끼가 파는 터널은 오히려 더 먼 길을 돌아가도록 설계되어 있다. 토끼들은 도로에서 죽음을 맞이한 친구들을 잊지 않았기 때문이다. 더는 지상이 안전하지 않다고 판단되면 지하로 땅을 파는 수밖에 없다. 바로 도로 건너편에 있는 풀밭에 가기 위해 이들은 땅 밑으로 깊은 터널을 판다. 인간이 이동하는 시간을 단축하기 위해 터널을 뚫을 때 토끼들은 안전하게 음식을 먹기 위해 먼 길을 돌아가는 터널을 판다.

    책의 주인공인 토끼들은 이름 없이 암토끼와 수토끼로 불린다. 야생동물에게 우리와 같은 이름이 붙는 것도 인간 중심적인 생각이라서 그런 걸까? 인간과 동물은 모두 생존을 위해 노력하는 존재들이다. 하지만 노력에 대한 결과를 기대할 수 있는 인간과는 달리 동물들은 더 이상 무언가를 기대할 수 없게 되었다. 《터널》의 마지막 장면은 토끼들이 풀밭에 넘어가 행복한 모습이 아닌 칠흑 같은 어둠 속에서 터널을 파는 모습이다. 그들의 노력과 희생에는 아무런 대가가 주어지지 않을 것처럼 보인다. 땅을 파는 동안에도 안전을 보장받지 못하는 그들에게 열심히 판 터널의 성공이 보장될 리 없다.

    그렇기에 암토끼와 수토끼는 땅속에서 굴을 파며 끊임없이 바깥의 소리에 귀를 기울인다. 땅 위에서 자동차 한 대만 지나가도 천둥 같은 소리와 함께 땅이 흔들린다. 굴 파기에 집중하는 이들은 소리에 집중해서 터널이 혹시 무너지지는 않는지, 여우나 개가 들어오는 건 아닌지 온 신경을 곤두세울 수밖에 없다. 그래야만 위험이 닥쳤을 때 곧바로 바깥으로 도망칠 수 있다. 하지만 온 힘을 다해 바깥으로 뛰쳐나갔다가도 토끼들은 금세 다시 지하 터널로 들어와서 길을 낸다. 그들은 서로를 사랑하고, 함께 살기 위해서는 건너편의 풀밭으로 가야 하기 때문이다.

    국립생태원에 따르면 로드킬의 절반 정도를 차지하는 동물은 고라니라고 한다. 새끼 고라니가 독립하는 시기인 봄과 너구리, 오소리 등이 독립하는 가을에 특히 사고가 자주 발생한다. 또한 이미 로드킬을 목격한 운전자들이 당황해 2차 충돌이 발생할 위험도 있기에 신고를 하고 안전 처리를 하는 것이 중요하다. 초등학교에 다닐 때 차에 치여 길가에 누워 있는 고양이를 본 적이 있다. 요즘에는 길에서 사는 고양이들도 사랑을 많이 받지만, 당시에는 길고양이를 도둑고양이라고 부르며 사람들이 눈살을 찌푸리곤 했다. 사람들의 좋지 않은 시선을 피해 다니느라 미처 달려오는 자동차를 피하지 못했던 것 같다. 할 수만 있다면 그들에게 교통안전 교육을 해 주고 싶었다. 동네에 사는 동물들이 알아들을 수 있다면 얼마나 좋을까. 하지만 그럴 일은 없기에 우리는 운전할 때 속도를 낮추는 수밖에 없다.

나 또한 로드킬의 목격자였지만, 어떤 조치를 취하기보다는 그저 안타까운 마음을 갖는 데 그치곤 했다. 나의 것을 지키는 데에만 익숙했기 때문에 길가의 존재에 대해서는 외면하게 되었다. 아직도 어디로 연락해야 하는지 모른다는 것이 부끄럽게 느껴진다. 로드킬 신고는 실제로 발생하는 사고의 10분의 1 수준으로 누락되는 경우가 훨씬 많다고 한다. 하지만 사람이 당하는 교통사고의 경우 우리는 완전히 다른 입장을 취한다. 우리는 분명 모든 생명은 소중하다고 배우지만, 동물과 사람에 대한 관념적 경계가 존재하는 한 그 관심의 정도가 같아질 수는 없을 것 같다. 모든 생명이 같은 가치와 무게를 지니고 있더라도 인간이 정말로 그렇게 생각하고 행동하기는 쉽지 않다고 느낀다.

이미 수많은 동물의 터전이 가로막힌 우리 사회에서는 그들의 삶의 터전뿐만 아니라 이동권까지 침범되고 있다. 이는 도로

뿐만 아니라 하늘길에서도 마찬가지다. 해마다 800만여 마리의 새들이 건물의 투명한 유리창에 부딪혀 목숨을 잃는다고 한다. 하늘을 나는 새에게 유리창은 보이지 않는 죽음의 벽으로 둔갑한다. 우리와 함께 살아가는 생명이 이유도 모른 채 죽음을 맞는다는 것이 안타깝게 느껴진다. 투명 유리창의 경우에는 스티커를 붙이는 간단한 작업만으로도 피해를 줄일 수 있지만, 누군가의 사유재산인 건축물에 강제하기는 어려운 실정이라고 한다. 아직은 더 많은 사람이 우리와 공존하는 자연에 대한 관심을 가지고 책임을 져야 하는 것 같다.

《터널》에서 자동차의 전조등은 모든 그림 중에서 가장 환하게 그려져 있다. 야행성 동물들은 어둠에 더 익숙하기 때문에 갑자기 밝은 빛을 보면 앞이 보이지 않아 돌진하는 경우가 많다고 한다. 도시에서 나고 자란 나는 완전한 어둠을 상상하기 힘들다. 밤이 되어도 사람의 발길이 닿는 곳이라면 가로등이 설치되어 있기 때문이다. 빛에 익숙하지 않은 야행성 동물들처럼 우리는 어둠에 익숙하지 않은 눈을 지녔다. 그렇기에 우리는 동물들의 습성을 더 잘 이해해 주어야 한다고 생각한다. 인간과 동물 모두를 위해 도로에서의 빛은 세심한 주의를 필요로 한다.

인간의 기술은 늘 수많은 생명을 희생시켜 왔다. 이제는 그 기술을 통해 더 많은 생명을 살릴 때라는 생각이 든다. 그러기 위해서는 동물보호를 위한 투자를 낭비라고 생각하지 않고, 인간의 편의를 위해 희생된 동물에게 최소한의 노력을 가하는 사람들이 늘어나야 한다. 한국에서 가장 긴 터널인 인제 양양 터널에 비상구가 57개나 있는 것처럼, 야생동물들의 삶 속 고통의 터널에도 비상구가 많이 배치되길 바란다.

세상을 위한 한 끼

김효정

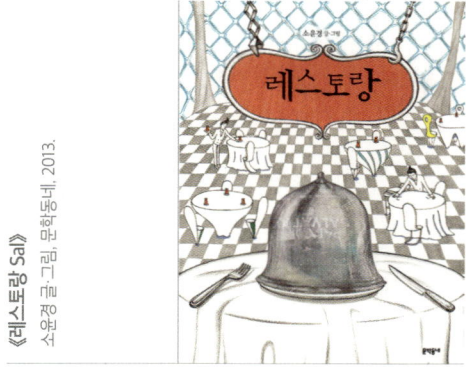

《레스토랑 Sal》
소윤경 글·그림, 문학동네, 2013.

 소고기를 120여 가지 부위로 구분해서 먹는 나라는 한국밖에 없다고 한다. 이렇게 고도로 발달한 미각을 가진 문화에서 태어난 나 또한 고기를 즐겨 먹는다. 집에서 그냥 밥을 먹을 때뿐만 아니라 대학에 합격했을 때도, 오랜만에 친구를 만났을 때도 특별한 날이면 으레 고깃집을 찾게 되었다. 여럿이 모여 고기를 구워 먹는다는 건 나에게 육류를 섭취하는 것 이상의 의미를 가졌던 것 같다.

 얼마 전에는 고기를 먹다가 혀를 씹었다. 평소에 다른 음식을 먹다가 혀를 씹었을 때와는 다른 묘한 기분이 들었다. 어느 순간 내가 혀와 고기를 헷갈린 것은 아닐까 싶었기 때문이다. 입안에 혀와 비슷한 걸 넣고 씹다 보면 그럴 수도 있을 것만 같았다. 아픈 혀와 함께 비릿한 피의 맛을 느끼다 보면 고기가 내 혀처럼 아프게 느껴지기도 하고, 혀가 마치 고기처럼 느껴지기도 했다.

《레스토랑 Sal》에서 고급 레스토랑을 소개하는 명랑하고 자신 있는 글과는 다르게 그림에서는 어딘가 섬뜩함이 느껴진다. 작가는 이를 통해 자신이 먹는 음식이 어디에서 오고 어떻게 만들어지는지 모르는 인간의 모습이 얼마나 기괴한지 보여 준다. 표지의 레스토랑 간판에는 금속 갈고리가 달려 있어 레스토랑의 분위기가 심상치 않다는 생각이 든다. 그림책을 다 보고 나면 음식점의 이름인 "Sal"은 고기의 '살' 또는 죽음의 '살(殺)'을 떠오르게 한다. 결국 이는 우리의 식문화 속에서 무너지는 동물권을 다루고 있다는 걸 알 수 있다.

소윤경 작가는 인간의 내면에 관심이 많은 작가다. 인간의 복잡한 심리를 다루다 보니 어떻게 보면 난해하지만, 한편으로는 환상적인 작품들이 나올 수 있는 것 같다. 작가가 그려 내는 판타지 세계는 인간 중심의 사고를 뛰어넘는다. 음식에 대해 작가가 가진 미안함과 곤란함이 《레스토랑 Sal》을 탄생시켰고, 이는 곧 인간의 잔혹성과 연결된다. 표면적으로는 행복한 재료들로 최상의 맛을 내는 레스토랑이지만, 그 이면에는 공장이나 실험실 같은 차가운 철창 속에 갇힌 동물들이 숨겨져 있기 때문이다.

주변에 채식하는 사람들을 보면 축산의 과정을 목격했거나 건강상의 이유로, 혹은 환경을 위해서인 경우가 더러 있었다. 개인의 생각이나 감정이 행동으로 이어진다는 게 대단하다는 생각이 들었다. 일상에서 채식을 유지하는 것은 큰 노력을 필요로 하기 때문이다. 하지만 불편한 점이 훨씬 많을 거라는 내 생각과는 다르게 채식을 하는 친구들은 그 과정이 꽤 재미있다고 말한다. 자신을 위하는 건강한 한 끼를 통해 자기 자신을 진정히 챙기는 기분이 들기 때문이다.

작년에 한 친환경 미술관에서 인턴을 하게 되었다. 그곳의 직원들은 서로에게 일주일에 한 번은 채식하도록 장려했다. 회사에 들어오기 전부터 채식을 한 사람은 거의 없었지만 다들 좋은 마음으로 동참하고 있었다. 회사 주변의 비건 식당을 공유하고, 비거니즘 관련 이슈를 던지기도 했다. 고기를 먹지 않고 사는 걸 한 번도 상상한 적 없던 나에게는 다소 생소한 주제였지만, 여러 사람이 적극적으로 티를 내는 채식은 그런 나에게도 매력적으로 다가왔다.

비거니즘은 채식뿐만 아니라 우리 일상의 다양한 영역에 적용되는 것이었다. 자취하며 필요한 물건을 그저 판매량 순에 따라 구매하던 나는 친환경 제품과 윤리적인 소비에 대해 생각해 보게 되었다. 쓰던 세제가 떨어졌을 때는 친환경 세제로 바꾸어 보기도 했고, 비건 립밤을 사용해 보기도 했다. 일주일에 한 번씩 하는 채식도 즐거웠다. 하지만 이런 생활을 계속해서 유지하는 건 나의 마음과 달리 쉽지 않았다. 친환경 세제는 원래 쓰던 제품에 비해 거품이 잘 나지 않아 설거지가 잘 안 되는 것처럼 느껴졌다. 회식할 때도 채식주의자들이 소외되지 않는 식당을 찾는 건 어려웠다. 점점 핑계가 쌓이는 기분이었다.

나의 비건 생활은 그저 위선에 불과했던 것일까? 《레스토랑 Sal》에서 점잖게 레스토랑을 홍보하는 글과 그 이면의 진실을 보여 주는 그림은 말과 행동이 다른 인간의 위선을 드러내는 것 같다. 나 살기도 바쁜 현대사회에서 동물들의 생명까지 고심한다는 건 꽤 큰 노력이 필요한 일이다. 나 또한 동물들의 고통에 공감하고 공장식 축산업에 반대한다고 생각하면서도 비건 생활을 그리 오래 지속하지 않았던 것처럼 말이다.

나에게는 채식주의자가 될 수 없는 수많은 이유가 있었다. 하지만 어떤 이는 되어야만 하는 단 한 가지의 이유만으로도 채식주의자가 되기도 한다. 《레스토랑 Sal》에서 동물들을 구하려던 소녀는 결국 동물들은 물론 자기 자신마저 지키지 못하게 된다. 표지에서 어떤 음식일지 궁금증을 유발하던 뚜껑은 마지막 장면에 이르러 마침내 열린다. 그 속에는 근사한 요리가 아닌, 여러 동물과 소녀가 힘없이 누워 있다. 실패로 돌아간 소녀의 모험은 나에게 다소 충격적인 결말이었다. 우리가 즐기는 화려한 생활 이면에는 항상 희생되는 다른 생명이 존재해 왔다. 현대사회에서 내가 아무 생각 없이 누리던 것들이 모두 비극적으로 다가왔다.

작가가 우리에게 오직 죄책감과 경각심만을 주기 위해 이렇게 안전하지 않은 결말을 택한 건 아니라고 생각한다. 이 섬뜩한 초대장은 우리에게 '맛의 비법'을 밝혀낼 기회를 주고 있다. 레스토랑을 이용하는 고객들은 모르지만, 독자들에게만 그 비밀을 알려 준다. 결국 최상의 맛은 재료의 상태와는 전혀 관련이 없었다. 행복한 재료가 아니어도 먹는 사람은 행복해질 수 있는 것이다. 하지만 모르고 먹는 고객과 그 사실을 알고 보는 독자는 완전히 다른 맛을 느끼게 된다. 그것이 바로 작가가 의도한 것이 아닐까 싶다. 채식주의자의 단계는 허용하는 육식의 범위에 따라 여러 가지가 있다. 그중에서 '플렉시테리언^{Flexitarian}'은 우리에게 지속 가능한 친환경적인 삶을 시작하기 위한 방향을 제시한다. 이들은 주로 채식을 하지만 육류도 함께 먹는다. 사려 깊은 채식주의자들이 나처럼 핑계가 많은 사람을 위한 분류도 만들어 놓았나 보다. 최상의 맛의 비법을 알아낸 우리는 이제 세상을 위한 한 끼를 위한 준비를 끝냈다.

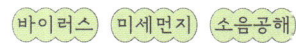

코로나19 이후 달라진 풍경들

정수미

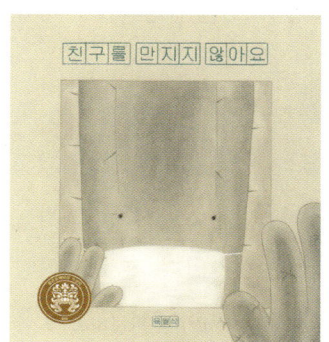

《친구를 만지지 않아요》
육엘시 지음, 비룡소, 2021.

2020년 코로나19 바이러스 대유행은 우리 삶에 많은 변화를 가져왔다. 먼저 외출할 때는 항상 마스크를 착용하게 되었다. 또 식당이나 카페 등 어딜 가든 체온 체크, 방문 QR 체크인이 필수가 되었다. 공원에서도 의자에 펜스를 두르거나 운동기구를 사용하지 못하게 묶어 두었다. 초등학교부터 대학교까지 심지어 유치원에서도 온라인 학습이 필수가 되기 시작했고 직장에서는 재택근무가 확산되었다. 이런 상황들로 인해 웃지 못할 에피소드들도 종종 벌어지고 있다. 마스크를 깜빡해서 버스나 지하철을 타지 못했다는 에피소드, 휴대폰을 가져오지 않아 방문 인증을 할 수 없어 밥을 먹지 못한 일들이 있다.

아이들의 상황은 어떨까? 온라인 수업만 하다가 대면 수업이 되었을 때 친구들을 만날 수 있다는 설렘은 유지될 수 있었을까? 2021년 가을에 프로젝트로 인해 석 달 동안 일주일에 한 번 초등학교에 방문한 적이 있었다. 코로나19 감염예방을 위해서 책상은 1m 이상 떨어져 있고, 투명 아크릴 판이 붙여졌다. 또 친구들과 가까이 이야기도 나눌 수 없고, 자기 자리에서만 놀도록 권유받는다. 심지어 화장실 가는 시간과 동선도 다 제각각으로 다녀와야 한다. 친구들과 같이 놀지 못해 시무룩한 어린이들을 보면 선생님들도 마음이 아프지만 코로나19 종식 말고는 딱히 뾰족한 해결책이 없다.

《친구를 만지지 않아요》에서도 동그란 선인장이 전학 온 학교도 학생들이 마스크를 쓰고 거리 두기를 하며 앉아 있다. 길쭉한 선인장이 호기심에 동그란 선인장 머리에 있는 새를 만지자 교실 안에 있던 모든 선인장들은 깜짝 놀라고 만다. 결국 길쭉한 선인장과 동그란 선인장은 서로 접촉했다는 이유로 선생님께 혼나고 만다. 방과 후 두 선인장은 운동장에서 우연히 만나 같이 하교한다. 그러던 중 아무도 없는 놀이터를 발견한다. 하지만 놀이터도 감염예방을 위해 놀지 못하게 펜스로 둘러싸여 있다. 그런데도 두 선인장은 놀이터에서 같이 신나게 논다. 놀이터에서 서로의 그네를 밀어 주거나 가지고 있던 간식을 나눠 먹을 때 두 주인공의 주위는 초록색으로 물든다. 그리고 이튿날 동그란 선인장과 길쭉한 선인장이 만날 때 주변이 초록색으로 변하며 이야기가 끝나게 된다. 그림책의 주된 색감이던 회색에서 초록색으로 변하는 모습을 보고, 마치 거리 두기로 인해 삭막했던 인간관계에 새로운 싹을 틔우는 것과 같이 보였다. 비록 감염병으로 인해 물리적으로는 거리 두기를 하지만 서로를 아껴 주는 마음은 거리 두기를 하지 않기로 한다.

《친구를 만지지 않아요》는 코로나19 시대에 태어난 아이들의 풍경이 그려져 있다. 태어날 때부터 마스크를 한 부모를 만나고, 어린이집에 가서도 투명한 창에 막혀 친구와 놀이할 수 없다. 이를 보고 어린이집에서 근무했던 기억이 생각났다. 코로나19가 시작된 후 어린이집에서 만 24개월부터는 마스크를 필수로 착용해야 한다는 방침이 내려왔다. 하지만 어린아이들에게 마스크 착용은 쉽지 않다. 여린 피부 때문에 귀가 아파서 착용을 거부하거나, 침이 많이 흘러 마스크를 수시로 교체해야 하는 경우도 다반사였다. 하지만 코로나19 바이러스 감염예방이 가장 중요하기 때문에 마스크를 빼고 있을 수는 없었다. 또 마스크 착용 후 아이들의 언어발달 지연이나 사회성 및 정서발달에 대한 우려도 지속해서 있어 교사들만 입이 보이는 투명한 마스크를 사용한 적이 있다. 하지만 투명 마스크에는 금방 습기가 차기도 하고 큰 도움이 되지 않았다. 심지어 코로나 확진자 수가 많은 기간에는 아이들의 점심 식사 후 양치를 생략해야 하기도 했다. 아이들은 하루에 두 번 발열 체크를 해야 하고, 점심시간이나 간식시간에도 친구와 이야기를 하면서 먹을 수 없다. 그저 입을 꼭 다문 채 얼른 밥을 먹어야 한다. 또 코로나19로 인해 소풍, 체육대회, 학부모 참여 수업 등 여러 추억을 만들 수 있는 행사는 당연히 취소되었다.

　이 책을 보면서 코로나19가 햇수로 3년째인 지금 나는 어떻게 지내고 있나 되돌아보게 되었다. 대학원 입학과 동시에 코로나19 시작으로 학교에 가서 수업을 듣지 못하고 거의 모든 수업이 온라인 수업으로 진행되었다. 과제 준비를 할 때는 도서관들이 문을 열지 않아 책을 구할 수 없어 이리저리 뛰어다니느라 정신이 없었다. 친구들과도 직접 만나기보다는 온라인 줌을 통해 만나기 시작했다. 처음에는 너무 어색하고 이상하고 부끄러웠지만 언제 그랬냐는 듯 익숙해져 신기한 가상 배경이나 필터를 적용하면서 놀기 시작했다. 온라인으로 독서 모임 동아리도 하고, 선후배들과 스터디도 하면서 시간을 보냈다. 평소 외출하는 것보단 집에 있는 걸 좋아하는 이른바 집순이인 나는 처음엔 크게 불편하지는 않았다. 하지만 사회적 상황으로 인해 집에 있는 시간이 점점 길어지면서 권태롭고 무기력해지기 시작했다. 그때 SNS에서 집에서 지친 사람들이 500번 저어 달고나 커피 만들기와 같은 챌린지들을 보고 따라 하며 만들면서 보냈다.

　심지어 엎친 데 덮친 격으로 일하던 곳에서 확진자가 나와 밀접접촉자로 분리되어 자가격리를 2주 동안 하게 되었다. 자가격리를 하는 동안은 방 안에만 갇혀 있으니 답답하고 검사 결과에 대한 걱정으로 조마조마한 시간을 보냈다. 그렇게 격리 기간이 끝나고 아이들을 다시 만나게 되었을 때 아이들을 안아 줘도 되나? 거리 두기를 하며 멀리서 바라봐야 하나? 고민했다. 하지만 아이들은 먼저 달려와서 안아 줬다. 그러면서 PCR 검사할 때의 후기를 늘어놓았다. "하나도 안 아팠어요!", "눈물이 한 번만 나왔어요!"라고 말하는 아이들도 있었고, 보고 싶었다고 말하며 우는 아이들도 있었다. 그때 팬데믹 상황이 어른들에게도 힘들지만, 주체적으로 무언가를 할 수 없는 아이들에게 유독 더 가혹하다고 느껴졌다. 아이들은 그래도 다시 만난 친구들과 반갑게 인사하고, 같이 나눠 먹으려 사탕이나 젤리를 가져오기도 했다. 코로나19로 아무리 사회적 거리 두기를 해도 친구를 생각하는 소중한 마음은 그대로인 것이다. 아이들은 하루하루 다르게 쑥쑥 자란다. 그런 아이들이 경험할 세상이 안전하지 못하고 위험하다는 것에 대해 안타까운 마음이다. 얼른 코로나19가 종식되어 마스크를 벗고 친구들과 놀이터를 뛰어놀며 지낼 수 있기를 바란다.

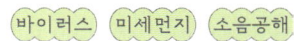

미세먼지 농도 "나쁨"

박락원

《죽음의 먼지가 내려와요》
김수희 글, 이경국 그림, 미래아이, 2015.

과학 방과후 선생님으로 초등학생을 가르치던 시절, 가끔 학부모들이 미세먼지 농도가 높으면 결석을 알리는 문자를 보내곤 했다. 그때만 해도 코로나19가 없었던 시기였고 미세먼지에 아이를 학교에 보내지 않는 부모가 잘 이해되지 않았다. 그러던 내가 요즘 아침마다 일어나면서 확인하는 것이 대기오염 예보다. 대체로 아이를 어린이집으로 보내기 전에 살펴보는 것 같다.

과연 미세먼지는 무엇일까? 입자의 크기가 $10\mu m$ 이하인 먼지는 미세먼지(PM 10), $2.5\mu m$ 이하인 먼지는 초미세먼지(PM 2.5)라고 한다. 이렇게 미세먼지는 눈에 보이지 않을 정도로 매우 작다. 이런 작은 미세먼지가 공기 중에 머물러 있다가 우리가 호흡할 때 몸속으로 들어오게 되는 것이다. 이때 호흡기를 거쳐 폐에 침투하거나 혈관을 따라 이동하면서 건강에 악영향을 끼치게 된다. 국제 암연구소는 미세먼지의 위험성을 인정하고 미세먼지를 1군 발암물질로 2013년에 지정했다.

《죽음의 먼지가 내려와요》는 이러한 미세먼지의 위험성이 잘 드러난 그림책이다. 앞표지부터 먼지로 가득 차 있는 도시를 바라보는 여자아이의 뒷모습이 그려져 있다. 아이의 뒷모습은 쓸쓸함과 걱정이 묻어나고 아이의 등 뒤로는 제목 '죽음의 먼지가 내려와요'가 적혀 있다.

제목부터 미세먼지에 대한 공포가 잘 드러난다. 화자는 앞표지에 등장했던 여자아이다. 여덟 살 여자아이는 둘도 없는 단짝 메이링과 함께 즐겁게 지내고 있었다. 그런데 봄부터 친구 메이링이 점점 숨쉬기가 어려워지고 아무것도 할 수 없는 지경에 이르게 된다. 큰 병원에 입원해 치료를 받았지만 몸은 점점 더 악화되고 만다. 병명은 폐암으로 원인은 공기 중에 떠다니는 미세먼지였다.

여자아이는 친구 메이링이 병원에서 투병하는 상황을 뉴스를 통해 보게 된다. 그림책에서는 TV나 사진, 창문 같은 내부 프레임을 사용하기도 하는데 《죽음의 먼지가 내려와요》에서는 이 같은 내부 프레임을 자주 볼 수 있다. 이경국 그림 작가는 내부 프레임을 통해 화자가 꿈꾸는 바람, 불가능한 일을 주로 표현하고 있다. 즉, 메이링과 여자아이가 사는 중국 동쪽에 위치한 장쑤성은 자동차 매연과 공장의 굴뚝, 석탄 난로로 인해 하늘이 미세먼지로 가득 차 있다. 실제로는 장쑤성에서 볼 수 없는 푸른 하늘을 아이가 보는 TV 속에서만 존재하게 만들면서 현실에서 이뤄지기 힘든 일임을 더 부각시키고 있다.

또 스케치북으로 내부 프레임을 사용하기도 한다. 주인공 아이는 새파란 하늘과 눈부시게 하얀 구름을 스케치북에 그리며 단짝 친구를 기다린다. 그러나 결국 메이링은 세상을 떠나고 만다. 그러고는 메이링의 목숨을 앗아 간 죽음의 먼지는 이제 여자아이에게로 몰려온다. 아이도 메이링처럼 서서히 목이 아파지고 숨 쉬기도 힘들어지게 된 것이다. 아이는 병원에서 창밖을 바라보며 뿌연 하늘 아래 뛰어다니는 아이들을 보고 소원을 빈다.

"나도 어른이 되고 싶어요! 마음껏 숨 쉬고 싶어요!"

《죽음의 먼지가 내려와요》의 그림을 살펴보면 마치 사진을 보는 것 같았다. 이경국 작가는 여러 기법 중 사실주의 양식을 선택했다. 사실주의는 실제 대상이나 사물을 있는 그대로 재현해 내려는 표현양식을 말한다. 이 표현양식은 작가가 작품에서 드러내고 싶은 주제와 관련이 깊음을 그림책을 읽다 보면 알 수 있을 것이다. 이 책은 중국 장쑤성의 여덟 살 소녀가 폐암에 걸렸다는 실화에서 모티브를 얻었다. 발암물질인 미세먼지의 위험성을 독자들에게 현실적으로 전달하려는 작가의 의도가 사실주의 그림 표현양식을 통해 더 잘 드러나고 있는 것이다.

그렇다면 현실 세계에서는 미세먼지가 실제로 얼마나 많은 사람의 생명을 위협하고 있을까? 2021년 WHO는 대기오염으로 매년 평균적으로 700만 명이 조기 사망하는 것으로 파악했다. 이에 대비하여 세계보건기구는 미세먼지의 권고 수준을 16년 만에 강화하게 되었다.

전 세계적으로 미세먼지를 줄이기 위한 다양한 시도도 하고 있다. 특히, 세계에서 가장 대기오염이 심각한 도시 상위 15개 중 13개 도시가 위치한 인도에서는 유해한 미세먼지를 줄이기 위한 여러 기술을 발전시키고 있다. 24세 인도 청년 다리야니는 어렸을 때 뛰어놀면서 대기오염으로 인해 종종 숨을 쉬기가 어려웠고 천식이 심했다고 한다. 유년 시절의 경험을 바탕으로 그는 대기오염 입자를 잡는 방법이 무엇인지에 대해 고민하기 시작했고, 대기 중 오염 입자를 용기에 담아 건물용 타일로 재활용하는 기술을 개발했다. 또 인도 정부는 정전기로 미세먼지를 잡아내는 25m나 되는 초대형 공기 청정기 '스모그 타워'를 세우기도 하였다.

한국 또한 여러 기관에서 미세먼지를 줄이기 위한 여러 움직임을 보이고 있다. 대기 환경 전문 업체 '더브레스 코리아'에서는 미세먼지를 제거하는 친환경 특수 직물을 만들었다. 이러한 직물은 버스나 현수막에 부착이 가능하기 때문에 버스 운행만으로도 주변의 미세먼지, 대기오염 물질을 흡착·포집하는 것이 가능하다고 한다. 또 다른 기업은 12년간 몽골의 미세먼지와 사막화를 개선하기 위해 나무를 심고 있다. 국내로 유입되는 미세먼지를 줄이기 위해 몽골에서 조림사업을 펼치고 있는 것인데 지금까지 심은 나무가 약 4만 5,000그루에 달한다. 이렇게 미세먼지로 인한 대기오염은 전 세계적인 문제로 인식되면서 사람들은 전 지구적인 해결 방법을 찾아가고 있다.

나는 오늘도 일어나 핸드폰을 켜고 미세먼지 예보를 확인한다. 다행히 오늘 미세먼지 농도는 '좋음'이다. 미세먼지를 줄이기 위한 여러 노력으로 인해 미세먼지가 줄어들고 예보가 매일 '좋음'이었으면 좋겠다. 《죽음의 먼지가 내려와요》에서 여자아이의 하늘도 단지 소망의 스케치북 그림이 아니라 실제 창문 밖 하늘이 되길 바라면서 말이다.

어젯밤 뛰어서 죄송합니다!

곽영미

《쿵쾅! 쿵쾅!》
이묘신 글, 정진희 그림, 아이앤북, 2020.

현대에는 아파트, 빌라와 같은 공동주택이 늘면서 층간소음이 사회문제로 부각되고 있다. 더구나 코로나19로 인한 재택근무 등으로 집에 머무는 시간이 늘면서 층간소음으로 고통받는 사례가 2017년에 비해 2배 가까이 늘었다고 한다. 최근에는 고시원, 빌라 등의 주거지에서 층간소음뿐만 아니라 벽간(측간)소음과 외부소음 문제까지 대두되고 있다고 하니 아파트와 같은 공동주택이 적은 다른 국가에서 보면 매우 놀랄 일이다.

옛날 아파트보다 오늘날 아파트가 더 층간소음이 심하다는 말이 있다. 오늘날 아파트는 옛날 아파트의 기둥식 구조가 아닌 사업 이윤 측면에서 소음에 취약한 건축공법(벽식구조)으로 바뀌어서 옛날 아파트보다 층간소음이 더 심하다고 한다.

층간소음을 겪지 않은 사람들은 층간소음으로 인한 분쟁과 다툼을 이해하기 어렵다. 하지만 층간소음을 단 한 번이라고 겪은 적이 있다면, 층간소음 피해자의 마음과 행동에 일정 부분 수긍이 가기도 한다. 최근 한 연예인이 층간소음 가해자라는 사실이 알려지면서, 곤욕을 치렀다. 인터넷에 그의 이름을 검색하면 층간소음이 자동 연결 검색어로 뜬다. 이것만 보아도 우리 사회가 층간소음에 얼마나 민감한지를 잘 알 수 있다.

    나는 성인이 되어 독립해 주로 빌라 1층에서 자취를 했다. 그래서 층간소음의 가해자이기보다는 늘 피해자인 쪽이었다. 늦은 밤, 위층에서 들려오는 수많은 소음, 세탁기 돌아가는 소리, 크게 틀어 놓은 오디오 노랫소리, 청소기 돌리는 소리, 대화 등 다양한 층간소음을 자주 겪었다. 늦은 밤, 층간소음으로 잠이 깨서, 윗집에 방문해서 싫은 소리를 하고 싶은 마음이 여러 차례 들었다. 물론 실행에 옮긴 적은 없지만, 주변인에게 층간소음으로 인한 피해를 호소하곤 했다. 다행히 층간소음의 문제는 위층이 이사를 가면서 자연스럽게 해결되었다. 나는 운이 좋게 층간소음의 피해자에서 빠져나왔지만, 이것은 해결 방법이라고 볼 수 없다.

    아이가 있는 집이라면 언제나 층간 소음에서 자유로울 수 없다. 그래서 어린 자녀들이 있는 가정은 층간소음 문제로 이웃과 다투는 것이 피곤해, 단독주택이나 아파트의 1층을 주로 선호한다고 한다. 최근에는 아파트와 단독주택의 복합주거 형태인 '타운하우스'가 젊은 부부에게 인기를 끌고 있는 이유 역시 층간소음에서 벗어날 수 있기 때문이다.

    《쿵쾅! 쿵쾅!》은 제목에서 짐작할 수 있듯이 층간소음에 관한 이야기를 담고 있다. 표지에는 아래층 할아버지와 고개를 숙이고 있는 두 아이의 모습이 보인다. 아이들의 모습이 마치 얇은 종이처럼 보이는데, 얇은 종잇장 같은 아이들이 거대 소음 유발

자라는 사실을 역설적으로 보여 주고 있다.

　엄마가 청소하는 사이, 아이들은 신나게 다양한 놀이를 한다. 그때마다 아래층에 사는 할아버지가 올라온다. 할아버지는 야단을 치는 대신 코끼리, 캥거루, 오리, 딱따구리가 사느냐고 묻고는 돌아간다. 코끼리, 캥거루, 오리, 딱따구리는 아이들이 뛰면서 만들어지는 소음, 장난감이 떨어지면서 만들어지는 소음, 시끄러운 말소리로 인한 소음과 같은 다양한 층간소음을 의미한다.

　아래층 할아버지의 몇 차례 방문으로 아이들은 층간소음을 일으키지 않으려고 노력하지만, 금세 놀이에 빠지면서 다시 소음을 만든다. 또다시 벨이 울리고, 아이들은 긴장하며 문을 여는데, 이번에 할아버지가 보이지 않고, 문에 붙은 쪽지가 보인다. 쪽지에는 이런 글이 적혀 있다.

> "아래층 비는 시간
> 오후 3 ~ 6시
> 그 시간은 동물원을 열어도 됨!^^"

　이 장면은 세로로 그려졌는데, 쪽지에 뭐가 적혀 있는지 궁금하게 만들며, 책의 방향을 돌리게 한다. 이야기는 아이들이 아래층이 비는 시간인 오후 3시부터 6시까지 동물원을 개장하고, 마음껏 뛰어노는 것으로 끝난다. 뒷면지에는 동물원이 문 닫는 시간인 6시로 가려는 시곗바늘을 잡고 있는 두 아이의 모습을 보여 주면서 계속 뛰놀고 싶은 아이들의 마음을 대변하고 있다.

　이 이야기는 우리 주변에서 쉽게 만날 수 있는 층간소음의 소재를 이웃 간의 소통과 배려하는 마음으로 풀어 나가고 있다. 할아버지가 아이들을 이해하고, 배려했기에 해결책을 찾을 수 있었고, 그리고 그 해결책에 아이들이 동참하면서 층간소음의 갈등이 해결되었다. 만약 할아버지가 올라와서 "얘들아, 여기 코끼리(캥거루, 딱따구리, 오리)가 사니?"라고 묻지 않고, 화를 내며 항의했다면 어땠을까? 아이들 역시 자신의 잘못을 사과하지 않았다면, 엄마가 변명하거나, 되레 적반하장으로 아이들을 두둔했으면 어땠을까……?

　오정희 글, 조원희 그림의 《소음 공해》 역시 층간소음에 대한 이야기를 담고 있다. 이 이야기는 오정희 작가의 단편 소설을 그림책으로 만들었는데, 자신의 시간과 자유를 침해하는 층간소음을 참지 못하는 주인공이 등장한다. 이야기의 결말에 층간소음이 윗집 여성이 사용하는 휠체어 때문이라는 사실이 밝혀진다. 스스로 교양 있다고 여기던 주인공은 자신의 시간과 자유를 침해받는 것에 분노하고, 다른 사람의 사정을 이해하기보다는 자신의 기준으로 판단한다. 주인공의 모습은 우리의 민낯이기도 하다. 그래서 읽고 나서 후련치 못한 느낌이 든다.

　소음은 모든 사람에게 똑같이 적용되지 않는다. 개개인의 주관적인 관점에서 판단되기에 어떤 이들은 작은 소음에도 극단적으로 반응할 수 있다. 그렇기에 상대방을 이해하고, 배려하는 마음으로부터 해결책을 찾아야 한다. 누군가 먼저 이해를 구한다면, 대체로 많은 이들이 배려하지 않을까. 쉽게 배려하지 못하는 이유는 이해되지 않기 때문이다.